RÉCHERCHES

HISTORIQUES ET GÉOGRAPHIQUES.

A. PIHAN DE LA FOREST,
IMPRIMEUR DE LA COUR DE CASSATION,
Rue des Noyers, n° 37.

RECHERCHES

HISTORIQUES ET GÉOGRAPHIQUES

SUR

LA MONTAGNE DE ROSES

ET

LE CAP DE CREUS.

PAR

M. JAUBERT DE PASSA,

CORRESPONDANT DE L'INSTITUT.

> C'est pour diminuer ces périls que ce Mémoire et la carte du cap ont été publiés.
>
> (*Conclusion.*)

AVEC UNE CARTE.

PARIS,

LIBRAIRIE-GIDE,

RUE SAINT-MARC, N° 23.

1833.

RECHERCHES

HISTORIQUES ET GÉOGRAPHIQUES

SUR

LA MONTAGNE DE ROSES ET LE CAP DE CREUS.

INTRODUCTION.

La montagne de Roses et le cap de Creus, si connus des navigateurs, sont figurés, sur les cartes de France et d'Espagne, d'une manière très inexacte. Cette négligence, sur un point géographique aussi important, a quelquefois pour le commerce des résultats si déplorables, qu'il m'a semblé qu'un tracé plus exact d'une côte voisine de la France ne serait pas sans utilité. En entreprenant ce travail, j'ai cru devoir lui adjoindre des recherches historiques et géographiques sur cette montagne et sur la côte qui en dépend.

Malgré toutes les recherches que je m'étais imposées, ma carte, je dois en convenir, manque encore, sous le rapport géographique, de cette exactitude rigoureuse, de cette similitude de détail, que désormais l'état de la science permet d'exiger, mais qu'on ne peut obtenir sans des instrumens d'observation, dont l'emploi nécessite l'autorisation du gouvernement espagnol. C'est donc à la péninsule qu'il est réservé de publier la première une carte détaillée et parfaitement exacte du cap de Creus. Ce ne sont pas les bons géographes qui manquent à la patrie de l'amiral Mazarrédo. Peut-être même les manuscrits inédits de l'amiral Tofiño, ou ceux du général de génie Escoffet, renferment les élémens complets de la carte à laquelle je cherche provisoirement à suppléer. Au reste, qu'il me soit permis d'observer, pour excuse de petites erreurs, que le compas de l'ingénieur pourrait signaler, qu'une exploration sur la Montagne de Roses, n'est pas sans fatigues ni privations, et cependant que je me suis imposé pour règle de n'écrire que sur ce que j'ai vu et, autant que possible, mesuré. J'ai visité à pied, ou sur une frêle embarcation, tous les points culminans, toutes les ravines, toutes les criques et tous les récifs. J'ai traversé cette petite contrée dans tous les sens, afin de mieux en étudier la configuration et les distances respectives. Dans ces courses multipliées, je n'ai point négligé d'annoter tout ce qui m'a paru mériter de l'être sous le rapport géognostique, afin de donner envie à quelque savant d'entreprendre une exploration qui enrichirait la géognosie de quelques faits nouveaux. J'ai donc l'espoir que ce Mémoire ne sera pas dépourvu d'intérêt, et qu'en attendant mieux, les navigateurs attacheront quelque prix à une carte destinée à leur signaler des périls que tant d'autres cartes dissimulent.

Je ne terminerai point, sans indiquer les matériaux que j'ai consultés.

Depuis les cartes estimables pour l'époque qui les vit publier, de Joseph Aparici et don Francisco de Garma, les erreurs de longitude, pour le Cap de Creus, se sont encore élevées à 13'. Constamment sur ces cartes ou celles qui les imitèrent, le Cap a une forme tronquée, ou bien contournée vers le sud, et les navires le voyaient surgir bien plus à l'est, du point où le géographe s'obstinait à le placer.

Don Tomas Lopez eut le rare mérite de publier le premier (1792) un atlas détaillé de la péninsule; mais, opérant à ses frais et sans l'appui nécessaire du gouvernement, il copia trop fréquemment, sans corriger, les erreurs consacrées par les cartes provinciales.

Don Isidore de Antillon, dans sa *Géographie astronomique*, ouvrage excellent et malheureusement trop concis, donne à Roses pour longitude E. 6° 53' 21'' [1]; mais il dit ailleurs que le méridien de Madrid (qui passe par le séminaire des nobles), est de 6° 3' 23' à l'occident du méridien de Paris.

(1) Antillon : *Geographia astronomica*, 2e édit. in-fol., XXI, p. 473.

Roses serait donc à 0° 49′ 58″ à l'est du méridien de Paris. D'après les calculs de M. Méchain, cette ville est à 0° 47′ 30″. Il y a donc encore erreur de 2′ 18″ dans les calculs d'Antillon, pour la longitude de Roses.

L'amiral don Vicente Tofiño, dont les campagnes hydrographiques, exécutées depuis 1783 jusqu'en 1787, sur les côtes d'Espagne, eurent des résultats si précieux pour la science nautique ; et l'amiral don Josef Mazarrédo, qui corrigea et enrichit de ses observations les belles cartes marines de Tofiño, ne déterminèrent pas cependant avec une rigoureuse exactitude la position du Cap et celle de Roses. Ces cartes sont d'ailleurs devenues excessivement rares.

Le général de génie Escoffet, natif de Cadaqués, où son nom est vénéré, et quelques officiers de la marine espagnole, entreprirent une suite d'observations astronomiques, avec lesquelles ils rectifièrent la longitude du Cap.

Mais c'est aux travaux de M. Méchain, et aux calculs auxquels il se livra pour prolonger la méridienne de Paris jusqu'aux îles Baléares, que nous devons l'appréciation exacte des longitudes et des latitudes de Roses et du Cap. Il résulte des observations astronomiques de M. Méchain, et de ses mesures trigonométriques, que Tofiño plaçait Roses de 3′ 20″ trop à l'ouest, et que le Cap devait être porté sur l'Atlas maritime de 3′ 40″ plus à l'est.

Antillon signale ces deux rectifications, mais il oublie d'introduire celle de Roses dans le tableau qui termine sa *Géographie astronomique*.

Les travaux scientifiques de M. Méchain sont connus et appréciés des géographes espagnols; cependant les petites erreurs de Tofiño, et, ce qui est bien plus déplorable, celles bien plus anciennes d'Aparici et de Garma, ont trouvé constamment des copistes non-seulement dans la péninsule, mais encore en France.

La carte publiée à Paris, en 1823, par E. Collin, porte le Cap de près de 11′ trop à l'est du méridien de Paris. La carte plus appréciable et bien plus exacte sous tant de rapports, que MM. Malo ont également publiée à Paris la même année, donne à Roses, par rapport au Cap, une latitude trop méridionale de près de 3′. C'est ce qui explique la forme mutilée du Cap, qui se trouve placé, bien à tort, presque sous la même longitude que Cadaqués et la pointe Noféo. Enfin le Cap, sur cette carte, est encore de plus de 8′ trop à l'est.

La belle carte, publiée en 1824 par le colonel Bory-de-Saint-Vincent, excellente pour la topographie physique de l'Espagne, offre encore, sous d'autres rapports, de nombreuses et utiles corrections. Roses et le Cap y sont plus exactement placés. Cependant Roses, mais surtout Plausa et La Selva, sont trop au sud par rapport au Cap; la pointe Noféo est trop à l'est, de même que le port de Cadaqués : aussi le périmètre de la montagne de Roses reproduit encore ici la forme *tronquée* de la carte de Garma.

Le Dictionnaire géographique universel, publié en castillan, mais à Paris, assigne au Cap la position suivante : latitude N, 42° 19′ ; longitude E, 48′ ; ces indications sont inexactes.

Le lieutenant-colonel don Ramon Indár a aussi publié à Barcelone, l'an 1824, une grande carte de Catalogne, en quatre feuilles, dont le luxe dissimule mal les trop nombreuses imperfections. Consulter cette œuvre, c'est remonter au seizième siècle.

La carte provinciale de Desnos, publiée en 1772, et celle du département des Pyrénées-Orientales, extraites de l'Atlas national, décrété l'an 1790, offrent les mêmes imperfections, soit dans le tracé du littoral, soit dans la position géographique des points principaux de la montagne de Roses.

Enfin, pour terminer cet examen, voici la position réelle du Cap et celle de Roses, telles que je les ai extraites de la *Connaissance des Temps* et des cartes marines du dépôt de Toulon :

Cap de Creus.	latitude . . .	42° 19′ 35″ N.
	longitude . .	1° 00′ 35″ E.
Roses	latitude . . .	42° 18′ 00″ N.
	longitude . .	0° 47′ 30″ E.

Avec des élémens aussi positifs, il restait encore à calculer la longueur d'un degré de longitude, sous le 42° 19′ 35″ de latitude. En supposant, d'après

M. *Pouillet* (*Élémens de Physique*.. édit. 1832), le rayon de l'équateur égal à . . . 6,376,984 mètres; le rayon du parallèle, sous la latitude de 42° 18′ égal à . . 4,716,616 mètres;

celui de 42° 20′ égal à . . . . 4,714,117 mètres, le rayon moyen sous cette latitude, sera de : . . . . 4,715,366 mètres.

La valeur moyenne d'un degré de longitude, sous cette latitude moyenne, sera donc de 82,316. mètr.

Si nous cherchons en mètres la différence de longitude entre Roses et le Cap, nous trouverons pour 13′ 5″, 17,949 mètres, en négligeant une petite fraction. Telle sera donc la distance géographique du Cap à Roses. La différence de latitude est de 1′ 35″, ou environ 2,930 mètres.

La montagne de Roses affecte la forme d'un triangle dont la base a environ 14,700 mètres, et s'appuie sur Roses et Llansa, et dont un côté, celui qui réunit les points déjà connus du Cap et de Roses, est de 17,949 mètres, ou bien 4 lieues de 25 au degré, en négligeant une petite fraction [1].

(1) Une lieue terrestre, de 25 au degré, égale: 4,444m. 444.

Un degré de latitude, égale :			111,111 m.
Une minute,	id.	id.	1,851 m. 185.

§ Ier. *Topographie physique de la montagne de Roses.*

Le riche bassin d'Ampourdan est terminé à l'est par la montagne de Roses; du côté du Nord, la crête des Pyrénées le sépare de la France. La partie de cette crête, connue sous le nom d'Albera ou les Albères, et comprise entre le col de Bellegarde et le col plus oriental de Bañyuls, est embellie par un vaste rideau de verdure. Entre l'Albéra et la montagne de Roses, est une longue colline se dirigeant du Nord au Sud, qui forme la partie supérieure du bassin, et le sépare de la mer. Du côté de l'Ouest, les pics solitaires de N. D. del Mont, de Basseguda, et del Fao, présentent leurs grands escarpemens. Devant ces pics, s'étend une vaste forêt d'oliviers qui couvre les collines de Figuères, et en dessine les contours. Par-dessus tous ces pics, et bien loin derrière eux, s'élèvent la montagne de Monseñy et les blanches pyramides du Canigou. Du côté du midi, et sur la rive droite de la Fluvia, sont les collines argileuses de Bascara et les pics volcaniques de Mongo (Mons Jovis), dont la mer ronge la base.

Vue de Figuères, ou des collines situées en arrière de cette ville, la montagne de Roses dessine sa forme pyramidale sur un ciel toujours azuré. Le pic Salvador, avec ses antiques fortifications, termins d'une manière pittoresque ces longues crêtes à pentes rapides, sur lesquelles on distingue les assises festonnées du chiste argileux, succédant aux masses granitiques. Le pic Aliga s'efface, à gauche, de celui de Donamorta, et en arrière de celui-ci s'élève, presque à l'égal du pic San Salvador, le pic Pani, le premier qu'aperçoivent les bâtimens qui naviguent au Sud du cap. La culture pénètre dans les flancs de la montagne de Roses, et en orne les formes abruptes; mais la main de l'homme a été impuissante pour l'acclimater dans quelques ravines et dans le voisinage du cap.

Deux rivières, la Fluvia et la Muga, anoblies par les Romains du nom de fleuves, traversent le bassin d'Ampourdan dans la direction de l'Ouest à l'Est, et se jettent dans la mer; la première, sur la côte d'Ampurias, la seconde, dans le voisinage de Roses. Mais les eaux de la Muga s'arrêtent et croupissent dans l'étang de Castello, toutes les fois que le Grau (de *Gradus*) ou canal de communication de l'étang avec la mer, vient à s'obstruer. Ces dépôts, charriés annuellement, relèvent, il est vrai, le terrain; mais, avant d'atteindre un niveau supérieur à celui des fortes crues, les bords de l'étang deviennent marécageux, et leur voisinage de Roses offre de graves inconvéniens pour la salubrité publique.

La ville de Castello, voisine de l'étang, auquel, dans le moyen-âge, elle a donné son nom, est bâtie, à l'Ouest de Roses, sur un tertre qui domine la rive gauche de la Muga. Cette ville est agricole, et domine un riche terroir.

Roses est situé sur le bord de la mer, au fond du golfe de même nom, ayant à sa droite l'étang de Castello; derrière elle, un vaste plateau granitique qui, par des pentes douces, s'étend jusqu'au pied de l'Albera, et sur sa gauche, des crêtes abruptes dont la mer baigne le pied. Ces crêtes ne sont que le développement d'un des embranchemens de la montagne de Roses. Ici finit la plaine et le sol fertile, mais sans ombrage, de l'Ampourdan.

La montagne de Roses, par son élévation et son isolement, domine toute la contrée, et couvre de sa vaste charpente une surface de 8 lieues carrées. Le pic le plus élevé est celui de San Salvador (Saint-Sauveur), que couronnent les ruines d'une antique forteresse. Près de lui, sur le revers Nord, fut bâti le célèbre monastère de Rhodes. De ce pic partent plusieurs embranchemens.

Le premier, mais non le plus élevé, se dirige au Nord, et sous le nom de crête Santa-Helena, se prolonge jusqu'à la plage de Llanza; un autre prend la direction de l'Ouest, se divise et couvre de ses ramifications la gorge de Balleta, le château de Karmanso et le village de Villajuiga.

L'embranchement du Sud-Ouest, dont l'antique forêt de Saint-Romain a disparu, descend rapidement vers la plaine d'Ampourdan, et abrite contre les vents du Nord le village de Palau-Çavardéra.

Celui de Viñya-Vella (Vigne-Vieille), le plus important de tous, court en s'abaissant dans la direction du Sud, dominant, à gauche, le vallon encaissé de la Selva-d'Adal, et à droite le fertile vallon de Palau; se relève à une distance d'environ une lieue géographique, et forme dans un coude, à droite, le pic Aliga (Aigle). De ce pic, et du milieu de la crête de Viñya-Vella, descendent parallèlement deux crêtes secondaires et cultivées par les vignerons. Une autre, située sur le revers opposé de Viñya-Vella, s'étend jusqu'au port de la Selva.

Entre l'embranchement de Santa Helena et celui que nous venons de décrire, il en existe un troisième, moins élevé, moins étendu, complètement cultivé, malgré la rapidité de ses pentes, et qui s'épanouit et vient se perdre dans la mer, au fond de l'anse de la Selva. Il porte le nom de Dijous (Jeudi).

Revenons à l'embranchement de la Viñya-Vella. A partir du coude formé par le pic Aliga, il change de nom, tourne brusquement à gauche, court dans la direction de l'Est, se relève deux fois pour former, dans sa pente rapide, les pics de Bofados et de Puig-Alt; s'abaisse enfin et vient se perdre dans les grandes falaises du cap de Creus.

Le pic de Donamorta est situé sur le coude de pic Aliga, et il domine les ramifications au pied desquelles est située Roses.

A droite et à gauche de la crête centrale, car celle-ci divise le promontoire en deux parties, partent des crêtes secondaires, souvent perpendiculaires à l'axe central; qui, tantôt cachées sous la vigne et l'olivier, tantôt sous les cistes, les bruyères et même les pins; tantôt lacérées et ravinées, descendent plus ou moins rapidement dans la mer. Celles situées sur le revers Nord sont : la Crête de Donamorta, qui s'arrête long-temps avant d'atteindre le port de la Selva; celle de Bofados, dont les pentes adoucies, sont généralement cultivées, et se termine dans les falaises situées à droite du port de la Selva; celle de Mas-Cremat, parallèle à la dernière; celle de Puig-Alt, également parallèle aux deux autres, et couvrant de ses garrigues et de ses roches ferrugineuses une terre stérile, ou la côte solitaire de Tudéla. Enfin, une dernière petite crête s'étend et se ramifie en se rapprochant du cap de Creus, et forme la petite anse de Culip.

Sur le revers Sud, les crêtes secondaires sont plus nombreuses. La première, partant du coude de pic Aliga, se dirige au Sud, et forme dans ses nombreuses ramifications plusieurs criques (ou Calas, selon la dénomination catalane et castillane), et le petit vallon de Mas-Marés, qu'une pente rapide sépare de la mer. Du pic de Donamorta part une autre crête qui s'épanouit en se rapprochant de la côte, et forme le cap Noïéo, avec les calas voisines. Les caps de Monjoy et Pelosa sont les plus remarquables.

Du col Bosado, situé sur la crête centrale, entre le pic de même nom et celui de Donamorta, part, dans la direction du Sud, une crête qui se relève rapidement, et se termine par une pente non moins rapide à la Cala Junkos, d'une part, et de l'autre, aux pointes sauvages et périlleuses de Torrembo et de Calamans. Cette crête, plus considérable que les autres et plus élevée, porte la dénomination de Montagne Pany, et son point culminant, celle de *Puig* ou Pic Pani. Au pied de cette crête, et sur son revers oriental, est le port et la ville de Cadaqués. Un riche vallon, couvert de vignes et de massifs d'oliviers, sépare la ville du col Bosado. Le cap Calamans, situé à l'entrée de la rade, est à trois quarts de lieue de distance de l'église paroissiale, dont le clocher couronne un tertre au fond du port.

La crête méridionale, formée par le pic Bosado, abrite, à l'Est, le vallon de Cadaqués. D'abord abrupte et taillée en amphithéâtre, cette crête descend bientôt par des pentes douces jusqu'aux îlots qui masquent la batterie du port en face du cap Calamans.

De Puig-Alt part une autre crête qui se termine à la pointe Junquet ou Junket. Entre celle-ci et celle de Bosado, d'autres ramifications descendent de la crête centrale, et forment l'ancien port Lligat et la Cala Alqueria. Plusieurs îlots protègent le port Lligat contre les vents d'Est et du Sud, mais le peu de profondeur des eaux ne permet guères qu'aux barques de pêcheurs de le fréquenter.

Le sommet conique de Puig-Alt est le dernier point de reconnaissance que cherche le navigateur, lorsqu'il double le cap. Plus à l'Est, les crêtes perdent rapidement leurs arêtes. Ce n'est en réalité que le dernier prolongement d'une montagne, dont les flancs sont déchirés par de profondes ravines, qui descendent vers la mer, sans eau courante, sans végétation, sans pentes accessibles, et avec l'aspect le plus triste et le plus menaçant. Des falaises abruptes, des criques aux eaux profondes et agitées, des roches ruinées par la tourmente, attristent cette portion de côte et en éloignent le navigateur.

La Cala Jugadora pénètre profondément dans les flancs du cap, et n'est séparée de la Cala opposée de Culip que par une langue de terre, ou plutôt par une chaîne de rochers que la mer ronge sans cesse. Cet étroit passage réunit le cap au continent. Les îles voisines de Massadoro et Encalladora fesaient, sans nul doute, partie du petit mamelon du cap, avant que les destructions qui s'opèrent sans cesse sur cette côte ne les eussent séparées. Les ruines d'une tour, autrefois fortifiée et servant de phare, dominent ce cap, et portent les traces évidentes de la foudre, qui mutila le sommet, et des boulets ennemis, qui en sapèrent la base. Après l'avoir détruit, les puissances étrangères devraient peut-être montrer encore plus d'empressement pour rétablir à leurs frais, non une tour d'observation ou atalaya, mais un phare pour guider les bâtimens de commerce, et les écarter d'une côte fréquente en naufrages. L'Espagne n'a rien perdu par le canon qui démolit la tour de Creus, et il se trouve près du cap des hommes qui attendent et spéculent sur un naufrage.

Neuf villes ou villages sont établis dans les flancs ou sur les rampes de la montagne de Roses. Mais les terroirs de Palau-Çavardera, Pau et Villajuiga, dépendent bien plutôt du bassin d'Ampourdan. Le hameau de Balléta est au centre d'une gorge dont l'entrée est dominée, à l'Ouest, par les ruines de l'antique château de Karmanso, et qui a son issue à l'Est sur la plage de Llansa. Cadaqués, La Selva, haute et basse, et Llansa, honorées du nom de ville, dépendent essentiellement de la montagne de Roses. Une vingtaine de fermes, derniers vestiges des alleux que l'église de Rhodes recueillit des fidèles du moyen-âge, et qu'elle aliéna successivement et avec des réserves, pour des alleux plus productifs, sont disséminées sur les divers points de cette contrée, susceptibles de culture, ou servant de pacages.

§ II. *Colonie Rhodienne, et ville de Roses.*

L'histoire nous désigne les Celtibères comme le plus ancien peuple du Nord de la Péninsule : il était divisé en plusieurs tribus. Celle des Indigètes ou Indicètes(1) occupait la plaine d'Ampourdan, jusqu'à Girone, Palamos et Besalu. Festus Avienus confirme les anciens géographes par les vers suivans :

Post quæ recumbit littus indigeticum
Pyrenæ ad usque prominentis verticem.

Les Indigètes étaient donc chargés de la défense d'une frontière vulnérable sur plusieurs points, et près de laquelle se pressait un autre peuple guerrier et parfois conquérant.

Suivant l'ingénieuse hypothèse de M. Bory-de-Saint-Vincent, la Péninsule eut fait autrefois partie du continent africain, et la rupture du mont Calpé, en ouvrant une nouvelle issue aux eaux de la Méditerranée, aurait mis à sec le bras de mer qui, dans le bassin Aquitanique, séparait les Gaules de l'Ibérie. Après cette conquête du continent européen sur les terres atlantiques, les Celtes auraient envahi le Nord de la Péninsule, et bientôt réunis aux Ibères, auraient formé cette nation puissante et guerrière, qui, la première, mérita et obtint un nom historique.

Quoi qu'il en soit de cette révolution physique,

(1) Strabon, lib. III, les appelle Indicètes; Ptolémée, Endigètes; Pline et Arrien, Indigètes; Etienne de Bysance, Indicètes. Ce dernier écrivain attribue l'origine de cette dénomination à la ville d'Indica, capitale de la contrée.

dont la mythologie nous a conservé le souvenir, et de l'origine des Celtibères, les Indigètes, que leur position géographique avait nécessairement rendus guerriers, se livraient aussi avec succès à la culture de la terre, à l'éducation des bêtes à laine et à celle des chevaux. Les montagnes étaient couvertes de pins, de hêtres, de chênes, et autres essences forestières. Les collines avaient des formes arrondies, sous des forêts d'oliviers sauvages. Les vallées étaient arrosées par des rivières poissonneuses, et la plaine se couvrait annuellement de récoltes, ou était consacrée au pacage des troupeaux.

Chez tout peuple guerrier, la défense est souvent aussi fréquente que l'attaque. Aussi les Indigètes avaient un grand nombre de lieux fortifiés. La ville d'*Indica*, bâtie sur une petite éminence, et entre l'une des trois branches du *Ter* (1), et le fleuve Alba, aujourd'hui la Fluvia, était la capitale de la contrée indi-

(1) Le Ter, ou le Tezerus du moyen âge, est le Bætulo de Pomponius Mela; il passe à Girone. La tradition veut que Trajan, né en Espagne, et après lui les rois goths, aient dérivé, vers Tarroella de Mongri, la branche du Ter qui traversait l'extrémité orientale du bassin impuritain. Le fleuve situé au nord d'Indica est appelé Alba, par Pline; Sambroca par Ptolémée; Clodianus par Pomponius Mela, géographe espagnol, et par les auteurs du Bas-Empire, et Fluvia par les géographes modernes. Le Tichis de Pline est le Sambuca et l'Anystus du moyen âge; c'est aujourd'hui la Muga. — Pline : liv. III, cap. III, — Pomponius Mela : liv. II, cap. VI.

gète. Au nord d'Indica, et sur la rivière appelée Tichis par Pline (1) et par M. de Marca (2), était la ville fortifiée de Castulon. Ces deux villes protégeaient la contrée, et, en cas d'échec, rendaient la retraite facile. L'étang de *Tonon*, voisin de Castulon, avait alors trois îles, que les attérissemens du Tichis ont réunis au continent depuis le douzième siècle (3).

La tribu des Indigètes était puissante par le nombre, par sa position, par la richesse de son terroir, par le voisinage de la mer, par la pêche et par l'industrie. Tandis que la civilisation suivait chez elle une marche lente, mais progressive, les peuples de l'Orient, divisés entre eux, avides de gloire et de richesses, portaient leurs regards vers les contrées lointaines. Les Phéniciens, marins expérimentés, parurent les premiers dans le golfe Celtique. Ce fut, pendant quelque temps, le secret de l'état et celui du commerce. Mais les Rhodiens, devenus puissans à leur tour, s'aventurèrens vers la Trinacrie, et devinèrent enfin le secret de Tyr. Bientôt une flotte de Rhodes, franchissant le détroit, côtoya la mer Ligurienne, se montra aux peuples de race celtique, et doublant le promontoire des Pyrénées, vint débarquer sur la plage de Castulon. Cette apparition alarma les Indigètes; mais, bientôt rassurés par l'attitude pacifique des étrangers, ils leur permirent

(1) Pline: lib. III, cap. III.
(2) Marca Hispanica: col. 178, num. 10.
(3) Marca: Appendix, tit. 89, 117, 130, 140.

de camper sur la côte. Le commerce ne tarda pas à subjuguer des hommes que les armes n'auraient pu soumettre, et la colonie de Rhodes s'éleva paisiblement sous l'appui des richesses commerciales, dont elle était l'unique dépositaire.

Ces expéditions maritimes, dont Rhodes ne fit pas mystère, en ouvrant aux nations rivales de l'Archipel une route inconnue, devaient avoir un grand résultat. La civilisation de l'Orient pénétra dans l'Occident, sous des formes pacifiques; elle éclaira une grande nation, jeta au loin ses reflets, et son influence fut si puissante, que la Grèce étonnée accorda pour la première fois, aux peuples ibériens, une place dans ses annales. Les historiens catalans rapportent la fondation de la nouvelle Rhodes à l'an 910 avant J.-C. (1)

Les Rhodiens, satisfaits d'un commerce qui, en échange des produits orientaux, leur livraient tout l'or celtibérien, bornèrent prudemment leur ambition à protéger leur colonie contre toute attaque (2), sans jamais s'immiscer dans les guerres intestines, ni dans la conduite des chefs celtibériens. D'abord faible et timide au milieu d'une nation guerrière, mais bientôt recrutée par les nombreux émigrans, que les divisions de la Grèce et l'appas des

(1) Pujades, Coronica de Cataluña : lib. II, cap. IV; fol. 325.

(2) Estevan de Corbera: Cataluña illustrada, lib. II, cap. II. fol. 161.

richesses attiraient vers la côte celtibérienne, la nouvelle Rhodes, que quelques auteurs appellent Rodope, Rodas ou Rhode, ne tarda pas à devenir florissante. Malgré son éloignement, elle se gouverna d'après le régime insulaire de la métropole, dont elle conserva les mœurs, les lois et le culte.

Tandis que sur ces mers lointaines, les Rhodiens n'avaient pour rivaux que les vaisseaux de Tyr, un nouveau peuple, déja fondateur de la Phocée des Gaules, se présenta dans le golfe d'Indica, et vint proposer un commerce de concurrence que les Indigètes parurent peu disposés à agréer. C'était vers l'an 822 avant J.-C. Il fallut négocier pour débarquer, négocier encore pour s'établir sur le rocher qui formait une petite île devant Indica (1). Cette nouvelle colonie reçut le nom d'*Emporium* (Εμποριον), c'est-à-dire marché (2). Privée d'eau, de terre et de végétation, le commerce suppléait à tout. Plus tard on réclama un petit coin de terre sur le continent, et, après de longs refus, les Phocéens obtinrent d'abandonner le rocher de Palæopolis, et de bâtir la nouvelle ville d'Emporias sur le rivage d'Indica. Ce fut vers l'an 550. Avertie par une longue résistance, la colonie phocéenne chercha à se fortifier. Une muraille, gardée avec soin par des magistrats, séparait les deux villes, et cette réunion,

(1) Estevan de Corbera : lib. II, cap. XV, fol. 171.

(2) Strabon : lib. III, fol. 165.—Tite Live : lib. XXXIV, cap. VIII.

unique dans l'histoire de deux peuples protégés par la même enceinte, séparés par la méfiance, par des mœurs et des langues différentes, exista pendant plusieurs siècles, et ne cessa qu'à la voix victorieuse de Jules-César. Dès son origine, Emporias, soutenue par la métropole de Marseille, tenta de rivaliser avec Rhodes. Elle y parvint sans doute, car son port pouvait abriter les bâtimens de guerre avec bien plus de sécurité que la plage de Rhodes. Mais celle-ci était plus vaste (1); elle n'avait pour limites que les bords marécageux de l'étang de Tonon et les Roches tononites, c'est-à-dire les derniers contreforts de la montagne de Roses. Ces dénominations ibériennes, que nous retrouverons encore, jusqu'à ce que le moyen âge vienne tout mutiler ou condamner à l'oubli, sont mentionnées par Festus Avienus, dans les vers suivans :

Stagnum inde Toni, montium in radicibus,
Tononitæque attollitur rupis jugum.
Per quæ sonorus volvit æquor spumeum
Anystus amnis, et salum flucto secat.

L'Anystus, nous l'avons déja dit, c'est la Muga. Avec le temps, les Rhodiens purent se croire les légitimes possesseurs du canton que les Celtibériens leur avaient permis d'habiter. Un temple dédié à Vénus, et bâti sur les Roches tononites, vint, pour la première fois, rappeler aux Grecs de l'Occident la ma-

(1) Marca : lib. II, cap. XVII, num. 1. — Pomp. Mela : lib. II, cap. VI.

jestueuse élégance et la situation toujours pittoresque des temples de l'Orient. Un autre temple dédié à Diane s'éleva sur un mamelon situé au nord de la ville. Alors la nouvelle Rhodes eut tous les droits et toute la splendeur d'une puissante colonie. Elle prospéra, malgré la rivalité des colonies grecques, et peut-être à cause de cette rivalité. Sa situation au fond du golfe; son voisinage du promontoire pyrénéen, que les navigateurs avaient tant de peine à doubler; la fertilité des contrées voisines; le *spart*, dont les Grecs et les Siciliens se servirent pour remplacer les cordages de chanvre (1); les belles forêts, les mines et les riches toisons des Pyrénées, tout contribuait à donner à Rhodes une importance commerciale qui protégea son indépendance, lorsque la métropole eut perdu toutes ses colonies.

Les Indigètes, familiarisés avec le luxe et les mœurs de l'Orient, en adoptèrent les arts qu'ils pratiquèrent avec une louable émulation; mais ce ne fut point dans Rhodes, et par le sacrifice de leur liberté. La ville voisine de Castulon recueillit longtemps, dans son enceinte, tous ceux que le commerce et l'attrait d'une civilisation plus rapide rapprochaient des étrangers. Cette ville, par sa belle situation agricole, convenait à un peuple plutôt guerrier que navigateur et commerçant. Pour lui, les Grecs de Rhodes furent des auxiliaires utiles, et ja-

(1) Strab.: lib. III. — Marca: lib. II, cap. XIX, col. 180, num. 2.

mais des voisins dangereux. Castulon commandait la plaine Impuritaine, et surveillait les passages des Pyrénées, tandis que Rhodes dominait sur un golfe où jamais navire celtibérien n'avait déployé ses voiles.

Le commerce, long-temps borné à l'échange des produits, acquit plus d'extension et de sécurité, du moment que l'usage de la monnaie fut connu des Celtibères. Guidés par leurs alliés, ils fouillèrent la terre, et des métaux abondans qu'ils savaient en extraire, ils acquéraient à bas prix des produits et des étoffes dont l'étranger était seul dépositaire. Alors les richesses métalliques des montagnes de Bassagoda et de Mondava furent exploitées avec plus de méthode et d'économie. Elles augmentèrent rapidement dans l'Archipel grec la masse du numéraire. Ce nouveau mode d'échange, loin d'appauvrir l'Ibérie, en protégea l'industrie et la civilisation.

Il est à regretter que l'histoire ne nous ait légué que des notions incomplètes et encore bien éparses sur l'époque si remarquable de l'alliance des Celtibères avec les peuples orientaux. Les regards de l'observateur s'arrêtent volontiers sur les premiers efforts d'une nation long-temps isolée, et que le contact d'une civilisation plus avancée entraîne subitement dans une marche plus rapide. Cette alliance, de quelque manière qu'on l'envisage, eut des résultats utiles à toute l'Ibérie. D'abord les Rhodiens, les Phocéens et les Samiens eurent le monopole du commerce, en se résignant à tous les risques et à toutes les chances. Mais la Celtibérie ne tarda pas à avoir des navigateurs indigènes. Comme leurs guides, ils affrontèrent la tempête, et par leur constance, leurs efforts et leurs progrès, la patrie ibérienne s'éleva au rang de puissance maritime, et sut s'y maintenir. Carthage en fut jalouse; Carthage, qui n'était elle-même qu'une colonie de Tyriens proscrits. Ses vaisseaux abordèrent sur les côtes méridionales de l'*Ibérie*, et, sous le prétexte de commerce, fréquentèrent tous les parages. Bientôt cette nation puissante et avide se glissa dans toutes les transactions, et offrit son assistance à qui voulut l'accepter. Elle couvrit la péninsule de maisons, de comptoirs, de temples et de forteresses. Il fallut se battre pour arrêter d'injustes prétentions; se battre encore pour l'exécution des traités; et les flottes carthaginoises ne portèrent plus que des soldats dans l'Ibérie, pour la punir de son hospitalité.

La Grèce avait oublié, dans ses guerre civiles, le chemin de ses colonies; et celles-ci, séparées de leurs métropoles, se rallièrent à Marseille, qui dès-lors exerça une grande influence sur la politique et les entreprises des Grecs occidentaux(1). Ce résultat intimida Carthage, mais il ne paralysa qu'un moment ses attaques. Bientôt Rhodes fut menacée. Manquant d'appui parmi les peuples voisins; ne trouvant, dans Emporias, qu'une assistance insuffisante contre les

(1) Estevan de Corbera : lib. II, cap. XV.

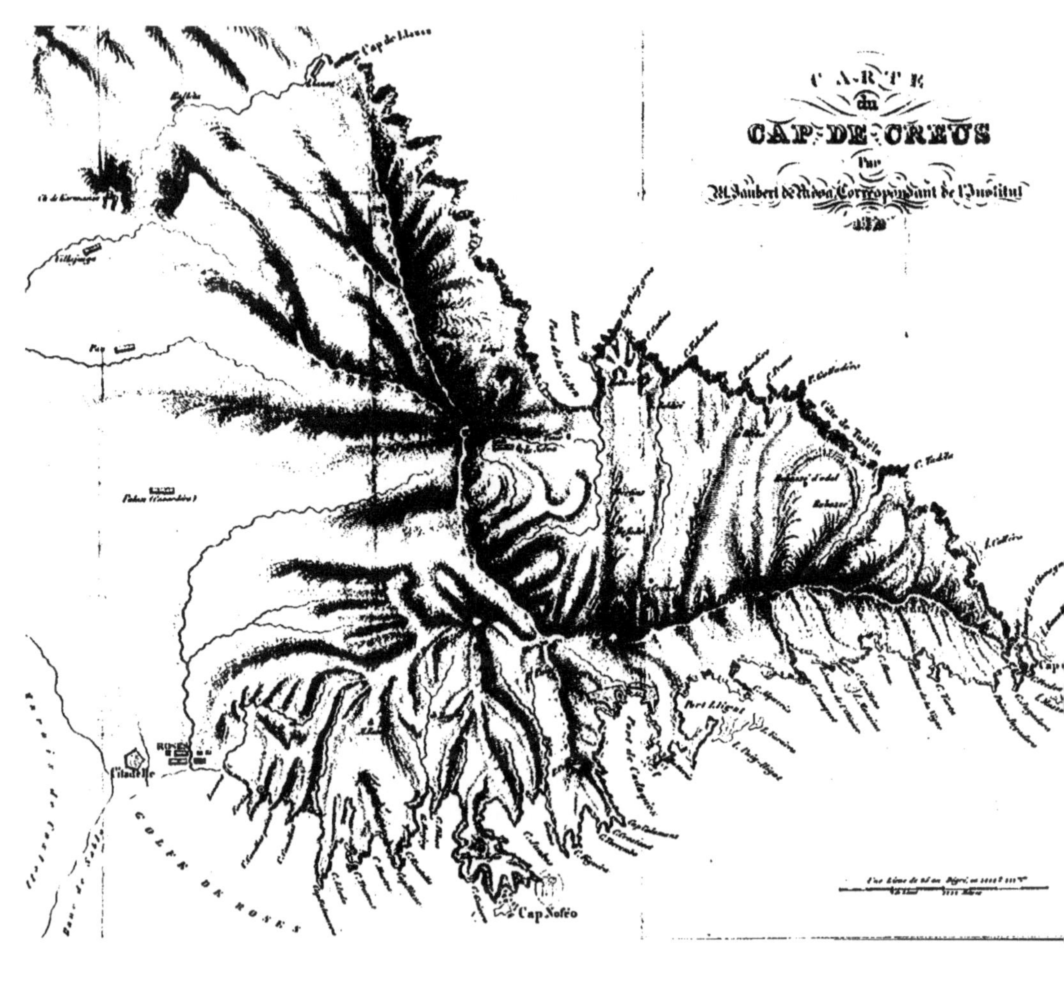
CARTE
du
CAP DE CREUS
Par
M. Jaubert de Réart, Correspondant de l'Institut
Cap de Creus
Port Lligat
Cap Norfeo
Citadelle
ROSES
GOLFE DE ROSES
Villajuiga
Palau (Casardère)

flottes ennemies et les armées qu'elles jetaient à volonté sur tous les rivages, elle subit le joug, et son commerce fut subordonné au caprice des Suffètes.

La première guerre punique, qui survint dans le quatrième siècle avant l'ère chrétienne, libéra l'Espagne de ses vainqueurs, et rendit aux villes grecques une partie de leur indépendance et de leur prospérité

Avec la retraite des Carthaginois, la métropole de Marseille recouvra une partie de son influence sur les colonies. Des ambassadeurs vinrent, en son nom, invoquer d'antiques souvenirs, et rallier des intérêts que la conquête avait désunis. Rhodes et Emporias adoptèrent les lois de Marseille, et cimentèrent une nouvelle confédération. Ces lois modifièrent l'ancienne administration de la colonie rhodienne (1). Un sénat de quinze vieillards avait le pouvoir suprême; il veillait à l'observation des lois, à la conservation du culte et à la prospérité de la colonie. Trois sénateurs délégués par le sénat, étaient chargés du gouvernement; mais, dans les circonstances difficiles, ils réunissaient leurs collègues, et délibéraient avec eux. De nouvelles fêtes religieuses furent instituées; des taxes sur les meubles, sur les habillemens et sur les réunions domestiques, servirent à modérer le luxe et à maintenir une sorte d'égalité apparente dans la petite république.

(1) Pujades: lib. II, cap. XVI.

La dot des femmes fut déterminée; elle ne pouvait, sous aucun prétexte, dépasser 100 pièces d'or. Par une loi spéciale, l'usage du vin comme boisson, était interdit aux femmes, et une seule contravention suffisait pour les déshonorer. Deux brancards étaient destinés à transporter tous les morts, sans exception; l'un servait aux esclaves, l'autre aux personnes libres. La musique et le chant faisaient partie des funérailles; mais les jeux scéniques étaient proscrits comme immoraux. On ne tolérait point les paresseux, ni les hommes qui refusaient de travailler; moins encore ceux qui, sous un masque religieux, mendiaient et rançonnaient les cités. Si un affranchi manquait de reconnaissance envers son ancien maître, celui-ci pouvait le réclamer jusqu'à trois fois, et le faire rentrer dans la servitude. Dans un lieu public était déposée une quantité de poison, qu'on distribuait à ceux qui projetaient le suicide, pourvu qu'ils eussent fait connaître aux magistrats les motifs qui leur rendaient la vie incommode. Parmi ces motifs, on désigne les suivans : une longue infirmité; des douleurs vives; une profonde tristesse; une grande pauvreté; la crainte de ne pouvoir éviter un grand désastre, et enfin une vieillesse trop prolongée. Défense était faite aux étrangers de paraître en armes dans la ville.

Ces lois d'origine orientale régirent bientôt Denia et Sagunte. Dès lors, les colonies Grecques ne furent en réalité, que des dépendances plus ou moins prospères de la métropole de Marseille dont elles subirent aussi la politique et son alliance avec Rome. Cette conséquence inévitable n'a pas été assez remarquée par les historiens.

Tandis que le sénat romain, protégé et secondé par la nouvelle Phocée des Gaules, fesait connaître insensiblement son nom, sa puissance et ses offres aux peuples de la Celtibérie, les Carthaginois, que les traités avaient tenus éloignés, n'avaient pas renoncé à leurs anciennes possessions, et aux trésors que la victoire et le commerce avaient fait affluer à Carthage à une époque plus heureuse. L'an 237 avant J. C., Amilcar envahit de nouveau la Bétique, et dévasta une contrée qui fut bientôt son tombeau. Asdrubal, plus prudent et surtout plus heureux, subjugua une partie de la Celtibérie, et, revenant sur ses pas, fonda Carthagène.

Les Impuritains ou Indigètes de la côte, alarmés de ces succès, mal conseillés par leur haine contre Carthage, sans doute aussi sollicités par les magistrats de Marseille, eurent le funeste crédit d'obtenir la protection de Rome. Le sénat intervint donc, pour la première fois, dans les affaires de l'Ibérie, sous prétexte de protéger les nouveaux alliés. Il envoya des ambassadeurs en Afrique et au général carthaginois, avec invitation de respecter les limites de l'Èbre, au nord desquelles étaient les tribus celtibériennes. Asdrubal périt assassiné, et le jeune Annibal lui succéda vers l'an 220. Seize années de combats avaient doué ce génie extraordinaire d'une expérience bien au-dessus de son âge. Ses brillantes qualités, l'avantage immense de pouvoir se dire Espagnol par sa mère, favorisèrent ses premières entreprises. Bientôt la ruine de Sagunte provoqua les ressentimens de Rome, car son alliance avait déjà franchi l'Èbre; mais Annibal, à la tête de cent mille hommes, était en marche vers l'Italie, que le sénat délibérait encore. Cette armée, recrutée par les nations vaincues, venait d'atteindre les rives du Ter, que défendaient les Indigètes, excités par les Grecs de Rhodes et d'Emporias. Les alliés de Rome durent céder. Annibal passa le Ter, franchit la montagne de Mongo (mons Jovis), en creusant un chemin sur les pentes escarpées (1) et vint camper dans le bassin Impuritain. Rhodes fléchit sous la loi du vainqueur, et la flotte carthaginoise s'abrita dans le golfe.

Les Celtibères ne surent pas profiter des circonstances, et combattre pour la liberté, contre deux peuples qui se disputaient pour les asservir. Bientôt Cneus Scipion parut sur la côte et débarqua à Em-

(1) Cette montagne, ou plutôt la rampe sur laquelle Annibal pratiqua un chemin, et la côte adjacente portaient dans le moyen âge la dénomination de *Scalas Annibalis*. Près de là, est la petite ville d'*Escala* ou Scala. Sur le revers sud de Mongo, est la ville de Torroella-de-Mongri, sur la rive gauche du Ter. Marca : lib. II, cap. XVII.

porias. Par ses manières engageantes, par la rapidité de ses évolutions navales, et par des négociations, il réhabilita la puissance de Rome, bien déchue depuis la ruine de Sagunte. Rhodes accueillit Scipion comme allié, sans se douter qu'elle se donnait un maître. Plus tard, elle seconda le jeune Publius Scipion, qui, vengeant la mémoire de son père et de son oncle, refoula les Carthaginois en Afrique.

Alors la Celtibérie fut libre, mais Rome pesa sur elle, et rendit bientôt son joug intolérable. M. P. Caton, débarquant à Rhodes avec la mission de soumettre les rebelles, s'empara du château après une vigoureuse résistance, et commanda en maître dans une ville qui n'avait demandé à Rome que son alliance. Rhodes se consola par son commerce de la perte de son indépendance; mais elle vit plusieurs fois son petit territoire envahi, ses richesses pillées, pendant les luttes obstinées qui survinrent entre les proconsuls et la belliqueuse Celtibérie. Castulon et Emporias n'eurent pas un meilleur sort. Les insurrections des Indigètes se renouvelaient sous le moindre prétexte. Ils furent les alliés de Sertorius, et ce chef intrépide ne trouva que des amis dans la cité de Castulon. Rhodes, entraînée par l'esprit de résistance, crut un instant avoir combattu pour son indépendance : un seul bourg osa rester l'allié de Rome. Le fer et la flamme détruisirent *Girissena*, et sa petite tribu fut vouée à l'infamie. *Garriguella*, située sur le revers ouest de la montagne de Roses, indique la place de la cité celtibérienne. Les légions romaines franchirent les défilés des Pyrénées, malgré l'héroïque résistance des Impuritains, et tout rentra sous le joug.

Plus tard, César vint chercher en Espagne les derniers opposans à sa domination. Il pressentait déjà que, pour être maître du monde, il fallait l'être de l'Espagne. Rhodes et Emporias n'osèrent point cette fois tenter la résistance; leurs plages étaient sans cesse couvertes de ces flottes romaines, qui jetaient sur la côte celtibérienne les légions destinées à subjuguer ou à conserver une si belle contrée.

Le séjour des Romains dans la ville agricole et guerrière de Castulon est mis hors de doute par les ruines antiques que la charrue fouille journellement, et par les inscriptions suivantes, conservées dans le couvent des Franciscains de Castello :

GEN
CASTVL........
PRO. SALV....
P. C. LÆLI....
L. F. GEM....
V. L. S......
votum libens solvit (1)

(1) Finestres: Sylloge inscriptionum Romanarum in Catalaunia: classis, I, fol. III. Pujades: lib. III, cap. LVII.

Nota. Cette inscription est gravée sur un cippe scellé dans le vieux dortoir du couvent.

D. M. S.
L. TVSCVS. CAST. VI.
GN. F. OPT.
hic situs est
AN. XXX. H. S. E.
JVLIA. FELIS
SOROR. F. C. S. T. T. L.
sit tibi terra levis (1)

Sous les empereurs, le commerce des anciennes colonies grecques, respecté dans ses lois municipales, conservait les apparences de son antique liberté. Les richesses de l'Ibérie, avant d'entrer dans le golfe Celtique, affluaient d'abord dans le port de Rhodes. Ainsi cette ville, avec la ville d'Emporias, étaient des entrepôts nécessaires à la puissance romaine.

Sous Adrien, Quintus Egnatius, favori de ce prince, fit un noble emploi de sa grande fortune en dotant Rhodes, sa ville natale, de plusieurs monumens. Sa patrie reconnaissante lui érigea une statue équestre, avec l'inscription suivante, rapportée par Felice de la Pena, historien catalan (2). L'antiquaire Cyriaco prétend avoir vu de son temps et l'inscription et les débris de la statue (3).

(1) Finestres: class VI, fol. 256. Gonzales: Concil pagin. 66.

Nota. Cette inscription était sur un cippe trouvé dans le ravin de Martell, près de Castulon.

(2) Liv. VI, cap. IX.

(3) Morales : in antiq. C. de Rodope.

(1) Q. EGNATVLO. Q. F. EQVO. PVB. DONATO. AB. ÆLIO. HADRIANO. CÆSARE. NERVÆ. TRAIANI. F. RODENSES. OB. PLVRIMAM. LIBERALITATEM. ET. MVLTA. IN. REMP. SVAM. BENE. FACTA. EQVESTREM. E. MARMORE. STATVAM. PRO. ÆDE. MINERVÆ. IN. MAGNA. AREA. EI. CONSTITVERE. (2)

Lorsque l'empire romain fut envahi par les peuples du Nord, Rhodes, avec ses richesses commerciales, fut la proie des premiers barbares qui franchirent les Pyrénées, et elle ne se releva de ses ruines que lorsque les rois de race visigothique, appréciant les bienfaits de la civilisation, échangèrent le sceptre contre l'épée. Rhodes eut encore alors pour rivale la ville voisine d'Emporias, dont la position militaire et maritime favorisa le rétablissement. Cette ville fut le siège d'un évêché depuis le commencement du sixième siècle jusqu'à l'an 714. Les rois visigoths l'habitèrent quelquefois, et se complurent, par de grands travaux, à la dédommager de toutes ses pertes. Rhodes, moins favorisée, resta ville commerciale, et sa plagè était visitée par les navigateurs; mais la population se trouva toujours à l'ample dans l'enceinte de l'ancienne colonie.

(1) Gruter: pag, CDIV, num. 4. Finestres: clossis V, fol. 228, num. 12.

(2) Cette inscription est figurée différemment dans Finestres.

Les Grecs, les Carthaginois et les Romains, avec leurs exigences, leurs lois et leurs mœurs, avaient laissé des traces profondes dans le régime républicain, et dans le code, d'origine insulaire, de la Rhodes occidentale. Un nouveau code, formé d'un mélange de lois étrangères et de lois visigothiques, remplaça l'ancien; et le commerce, soumis à de nouvelles règles, forcé d'agir dans des intérêts nouveaux, avec une politique plus étroite, ne fut plus qu'un modeste cabotage. Les richesses coloniales de Rhodes avaient disparu, avec son indépendance et ses arsenaux.

L'invasion des Maures fut encore plus fatale à la marine celtibérienne : les cités disparurent dans les flammes; les hommes, sous le glaive; et les temples, sous le marteau du prosélytisme mahométan. La contrée impuritaine ne fut plus qu'une vaste solitude, au milieu de laquelle gisaient les ruines de Rhodes et d'Empurias. Tout disparut, jusqu'aux antiques dénominations.

Mais enfin, les barbares du Midi, subjugués comme les barbares du Nord, par la beauté du climat, la fertilité du sol, et des richesses si facilement conquises, voulurent occuper la terre, sur laquelle ils n'avaient fait que camper.

Le petit bourg de Roses s'éleva sur les antiques fondemens de Rhodes. Les flottes mauresques vinrent à leur tour s'abriter aux mêmes lieux qu'avaient successivement visités Annibal, les Scipions, Caton,

Sertorius, César, et les successeurs d'Ataulphe. C'est de Roses que partaient les flottilles destinées à parcourir la côte occitanique, et à désoler les races franques. Cette ambition de conquérir et de subjuguer; cette soif du pillage; le besoin qui se fit bientôt sentir de défendre une frontière vulnérable par tant de points, fut utile à Roses et à *Ampurias*, que les mêmes causes avaient fait sortir des ruines de l'antique *Emporias*. Castello-d'Ampurias mit plus de lenteur à s'élever sur l'emplacement de Castulon; mais l'étang de Tonon, négligé et sans communication permanente avec la mer, inonda une partie du bassin Tononite, et devint un foyer de miasmes pestilentiels pour le petit nombre d'individus que le glaive avait épargnés.

Pendant les luttes que soutinrent avec tant de courage Charles-Martel et son successeur Pépin, Roses fut exposée à plus d'une calamité (1). Tantôt franque et tantôt mauresque, elle avait toujours pour maître un vainqueur exigeant, et trop souvent barbare, dont le caprice et la volonté étaient les seules lois. Charlemagne sut mieux concevoir et effectuer la conquête; mais, distrait par l'Italie et par l'Allemagne, il ne fit que tracer la marche à son fils Louis d'Aquitaine. Ce prince franchit les Pyrénées-Orientales, et rien ne résiste à ses armes. Il combat en croisé à la tête d'une puissante armée;

(1) Franc. Diago: Hist. de los C. de Barcelona, lib. I, cap. XIX, fol. 48, édit. 1603.

Barcelonne se rend l'an 782, et le roi maure Gomir rentre dans la vie privée, et meurt vassal du roi d'Aquitaine. Le vainqueur distribue généreusement sa conquête à neuf chefs de race franque. Ceux-ci deviennent la souche des illustres maisons de Moncade, Pinos, Montaplana, Cervera, Cervello, Alemany, Anglesola, Ribelles et Eril.

Rhodes, si puissante dans l'antiquité, si utile à la politique romaine, après tant d'invasions et de désastres, après avoir appartenu à vingt maîtres dans la période d'un siècle, échut en partage à un noble croisé. Son terroir, morcelé par Charlemagne, devint le patrimoine de quelques guerriers, et bientôt de l'église. Liberic et Asinarius, seigneurs du château de Tonon, en firent don au monastère de Saint-Quirck (Saint-Cyr). Charles-le-Chauve confirma cette donation l'an 845. Ainsi à cette époque, le *castrum* de Tonon, relevé de ses ruines, dominait de nouveau le golfe de Roses, et la partie la plus abritée de la plage; mais il ne protégeait plus le golfe, car l'industrie avait déserté ses rivages.

Le temps vint où les guerriers de race franque subirent à leur tour l'influence du climat et de cette activité moresque qui obtenait de la terre des richesses inépuisables. La féodalité modéra sa rudesse et ses exigences; le peuple obtint quelques droits, et les vieilles libertés du code visigothique furent de nouveau invoquées. L'industrie, encouragée par elles, parut se réveiller d'un long sommeil. Alors de nouvelles barques sillonnèrent le golfe; une génération plus active peupla la plage ampuritaine, et Roses se crut appelée à de nouvelles destinées. Sa rivale et son alliée avait perdu son évêque, ses palais, ses remparts et ses habitans. Il ne restait d'Ampurias qu'un port désert et encombré par les sables; cependant son nom avait survécu à tant de calamités. Il était échu comme lot à un comte qui bientôt fut un puissant seigneur.

Tandis que l'industrie agricole civilisait le vainqueur, les Maures, maîtres encore de Mayorque, parurent sur les côtes et les dévastèrent. Ces invasions fréquentes, en commandant la défense sur un élément peu connu, rendirent à Roses une partie de la puissance maritime. Ses vaisseaux furent les premiers à repousser l'ennemi, et parfois ils allèrent le chercher, jusque dans les mers de Corse. Le port d'Ampurias eut aussi ses flottilles, parceque ses comtes ne pouvaient conserver le fief, qu'à la charge de le défendre. Mais dans ces luttes nouvelles, et avec l'exigence des suzerains de l'antique Celtibérie, c'était plutôt pour combattre que pour commercer, que Roses avait des chantiers et des arsenaux. L'industrie semblait n'avoir qu'un but, les besoins de la guerre; comme elle n'avait qu'un résultat, la puissance des seigneurs. Ceux-ci acquérant facilement, donnaient de même, et l'église était toujours disposée à recueillir les dons. Ainsi, dès le 11ᵉ siècle, l'étang de Tonon, appelé déjà de Castello, avec ses îles et les fermes voisines; les alleux limitrophes de Roses, fondés avec les *villa* romaines, jusqu'aux ruines des antiques forteresses, tout appartenait au monastère de Rodes ou Rhodes. Ramon Jauzbert, vicomte de Roses, fit hommage de son fief au comte de Barcelonne, Ramon Bérenger, l'an 1068.

L'histoire garde le silence sur les destinées de Roses, pendant près de 3 siècles. Vers l'an 1282, cette ville apparait tout à coup avec son enceinte fortifiée, son château et sa flotte, lorsque Philippe le Hardi envahit la Catalogne. Depuis long-temps, Ampurias avait disparu pour toujours sous le glaive des Normands, et ses habitans étaient venus se réfugier à Castello. Le comte Alaric et ses successeurs n'eurent désormais d'autre port que celui de Roses.

Tandis que Philippe le Hardi, maître de l'Ampourdan, par la défection de quelques seigneurs catalans, menaçait Girone, Guillaume de Lodève, son amiral, attaqua Roses, et livra cette ville au pillage et à l'incendie (1). Las de jeter l'épouvante sur la côte catalane, de piller et d'incendier les petits ports de S. Félice, de Lloret, de Blanes et de Tossa, l'amiral rentra dans le port de Roses, où il avait établi les magasins de l'armée.

L'amiral de Barcelonne, Ramon Marquet, et son collègue Bérenger Mallol, profitant de ce repos, at-

(1) Marca : Gesta Comit. Barcin., cap. XXVIII, fol. 566.

taquent les galères françaises (1) et en prennent 30, tandis que Roger de Lauria, avec une flotte de 50 voiles calabroises et siciliennes, se présentait devant Roses. Ses soldats franchissent sans peine les remparts démantelés; ils surprennent la garnison au milieu des fêtes, et, maîtres de la ville et de la flotte française, font prisonnier Guillaume de Lodève, que bientôt ils iront donner en spectacle aux habitans de Barcelonne. Le château se rendit le lendemain.

La perte des magasins, la disette et les fortes chaleurs, forçèrent Philippe à la retraite. Il rentra en France, sur une litière, mourant, sans suite, harcelé par son ennemi personnel, Pierro d'Aragon, et dans toute l'humiliation d'une déroute qui l'exposait sans cesse aux périls de la captivité. Il meurt à Perpignan, le 2 octobre, après avoir perdu une belle armée, plus encore par les maladies, que par le fer ennemi.

Roses, après le départ de Lauria, était de nouveau tombée au pouvoir des Français, mais ce n'était plus que des ruines. Le comte d'Ampurias, entouré d'une noblesse valeureuse, vint la reprendre, et harcelant l'ennemi jusqu'à la frontière, jonchа la montagne de Roses et les défilés des Pyrénées, d'armes et de cadavres.

Les rois d'Aragon, avertis par les périls de l'in-

(1) Marcello : Crisi de Cataluña, part. II, cap. V, § III. — Capmany : t. I, lib. II, fol. 59.

vasion de Philippe, et trop prudens pour compter comme moyen de défense, une maladie pestilentielle, que les Catalans, plus crédules, at[illegible]aient à Saint Narcisse, patron de Girône, sentirent le besoin de rebâtir Roses, et de considérer cette ville comme une position militaire et un boulevard capable de résister en cas d'invasion.

Bientôt Roses se développa en demi-cercle le long de la plage. Elle eut un arsenal, des vaisseaux de guerre, une citadelle, un château et une enceinte fortifiée (1). Des navires marchands, construits dans ses chantiers, visitaient tous les ports de la Méditerranée et de la mer Noire, et se montraient fréquemment dans l'Océan. Peu d'années suffirent pour donner à la marine catalane et à celle du Roussillon, le plus brillant essort. Le génie de ces deux peuples, long-temps captif sous le régime féodal, mais affranchi insensiblement par le régime municipal, et par l'habileté de ces princes (2), se livrait avec ardeur aux entreprises commerciales et aux expéditions maritimes, les seules qui convenaient à son activité et à son indépendance.

Un évènement mémorable, survenu dans les premières années du siècle suivant, et lorsque les esprits étaient encore frappés de la glorieuse défense

(1) Capmany : Memor. de Barcel., t. I, cap. V.

(2) Don Jacme II (Jacques II), rey de Arago...... *poderoso en la mar*, puissant sur la mer, dit l'historien Moncade, cap I, fol. 13.

de la Catalogne, révéla bien mieux à l'Europe la puissance maritime des rois Aragonais, et l'intrépidité de ses marins. Quatre chefs illustres, après avoir glorieusement défendu les droits de Don Pedro Ier (III d'Aragon) et de ses deux fils, Jacques et Frédéric, au trône de Sicile, venaient d'offrir leurs services à l'empereur Andronic, en échange de grandes promesses (1). Sous leurs ordres, une flotte catalane, jeta sur la côte Bysantine, une armée d'aventuriers catalans ou aragonais (2), plus redoutables par leur audace, que par leur nombre. Après une longue série de hauts faits, de perfidies et de rivalités, les débris de cette armée prirent possession des duchés d'Athènes et de Méopatrie, et se divisèrent encore pour porter la gloire de leurs armes, jusqu'au fond de l'Orient.

Dans cette expédition romanesque, que Cortès et Pizarre surent plus tard renouveler, avec des aventuriers recrutés en Espagne, la marine de Roses y était représentée avec honneur. On aime à en suivre les détails dans l'histoire si bien écrite du comte de Moncade; dans les récits naïfs de l'historien Montaner, l'un des chefs de cette expédition; et même dans les historiens bysantins.

La guerre, si long-temps fatale au commerce ampuritain, protégea cette fois ses relations avec l'Orient, et lui ouvrit d'antiques voies commerciales.

(1) Curita : Anal. de Aragon, part. I, lib. VI, cap. I.
(2) Moncada : Exped. de los Catal. y Arag., cap. V.

Des richesses nouvelles affluèrent bientôt sur la côte de Catalogne, mais les villes ou bourgs voisins, de Collioure, Portvendres, Llansa, Cadaqués, l'Escala, Palamos, Lloret et S. Felice, quoique peuplées de marins, ne virent jamais sortir de leurs ports des flottes aussi nombreuses, aussi bien équipées, ni plus valeureuses que celles de Roses. Le chroniste Montaner, avec l'énergique concision de la langue catalane, et le savant Capmany, décrivent avec soin l'activité commerciale de Roses, et sa puissance maritime.

Sous le long règne de don Pedro IV, le nord de la Catalogne, fut entraîné dans la révolte du comte d'Ampurias; mais, après quelques échecs Roses, et Castello se hâtèrent de se soumettre, pour apaiser le vainqueur de Mayorque. D'autres rebellions, qui quelquefois prirent naissance dans la famille royale, troublèrent les règnes des rois don Juan, don Martin et don Alonso, mais Roses fut toujours traité avec ménagement; car la marine militaire ne cessa point d'être nécessaire à des princes que la guerre ou l'ambition ramenait en Italie, en Sardaigne et en Sicile. Jamais les villes de Roses et de Barcelonne, n'eurent de plus habiles amiraux, ni des marins plus intrépides. C'est de leur port que sortaient les flottes les plus redoutables et les mieux équipées; c'est dans ces mêmes ports que le commerce maritime avait ses grands entrepôts.

Sous le règne de Jean II, la longue révolte des Catalans fut fatale au commerce et à la marine de

Roses. Le comté d'Ampourdan, entraîné par quelques chefs ambitieux, avait pris les armes et chassé les officiers du roi. Don Pedro de Rocaberti, capitaine-général de ce comté, envahit avec un corps d'armée la montagne de Roses, incendia la Selva, intimida les Ampuritains, par ses rigueurs et la rapidité de ses manœuvres, et rétablit l'ordre, tandis que la guerre civile continuait de désoler la Catalogne (1).

L'intérêt accordé aux malheurs du prince de Viana, fut plutôt le prétexte que la cause de cette grande insurrection. L'obstination des Catalans, qui était descendue jusqu'aux dernières classes, révélait un vieux levain, et une grande méfiance du pouvoir. La cour avait porté de graves atteintes aux priviléges de la province, et entr'elle et le peuple, la haine ne prenait plus la peine de se déguiser. Les révoltés égorgèrent les partisans de l'Aragonais, proclamèrent la république et vinrent assiéger la reine dans Girone. La couronne fut offerte à don Pedro, connétable de Portugal, et à sa mort, le bon roi René d'Anjou, fut nommé roi d'Aragon et comte de Barcelonne.

L'an 1467, Jean, duc de Lorraine, envahit la Catalogne comme lieutenant-général du roi René son père; il assiégea et prit Roses, s'empara de toute la côte, et vint à Barcelonne jouir avec transport d'une royauté éphémère.

(1) Zurita : part. II, lib. XVII, cap. LII.

(2) Ascargota : t. II, cap. XLIII. — Sanz : Comp. de la hist. de Esp., lib. XIV, cap. VII.

La reine d'Aragon, contre laquelle les esprits étaient particulièrement animés, sut anoblir sa conduite par son courage. Suivie de son jeune fils, l'infant don Ferdinand, et de quelques troupes restées fidèles, elle se présenta devant Roses, prit cette ville d'assaut, en rasa les fortifications, et, par l'habileté de sa manœuvre, força le duc de Lorraine à lever le siège de Girone. Roses et Castellon furent repris, et les Français tentèrent d'établir leurs quartiers d'hiver dans l'Ampourdan; mais de nouveaux revers les assaillirent bientôt. Harcelés sans cesse par la reine, refoulés en Roussillon, le prince de Lorraine rallia comme il put son armée autour de la bannière royale, sur laquelle il eut pu inscrire la devise du connétable de Portugal: *Pena por alegria*. Le courage de la reine Jeanne Henriquez, soutint le vieux roi Jean II, alors aveugle, et prépara son triomphe.

Le jeune Infant, blessé à la prise de Roses, annonçait déja les grandes qualités qui le distinguèrent plus tard, et lui donnèrent la couronne d'Espagne, que les rois de Castille avaient vainement tenté de conquérir. La reine, après avoir tant fait pour soumettre les Catalans, ne vit point la fin de la révolte. Elle mourut à Tarragone le 13 février 1468.

L'année suivante, aidé de Tannegui du Châtel, gouverneur du Roussillon, le duc de Lorraine envahit pour la dernière fois l'Ampourdan. Il s'empara de Roses, de Girone, et vint mourir, en 1470, à Barcelonne, abreuvé de dégoûts et désespérant du succès. Son fils, le duc de Calabre, tenta vainement de conserver la couronne qui venait d'échapper à son père. Après deux ans de marches forcées, d'échecs et de retraites, il venait de se réfugier à son tour dans Barcelonne, lorsque le roi Jean, aidé des marins de Roses et de Cadaqués, fit bloquer le port, tandis que l'armée de terre serrait de près la garnison (1). Une capitulation honorable mit fin à la guerre, et restitua la *seigneurie* de Roses aux cortès catalanes. L'infant Ferdinand fut amplement dédommagé de la perte de ce fief et du comté d'Ampurias. Il succéda à son père l'an 1479.

La marine catalane, et en particulier celle de Roses, secondèrent le roi Ferdinand, lorsqu'il entreprit d'expulser les Maures d'Espagne, et dans toutes ses expéditions maritimes. Charles-Quint, son succeseur, eut continuellement besoin des ports de Roses et de Barcelonne, pendant les luttes obstinées qui l'appelaient sans cesse en Italie. Mais son exigence, que tempéraient à propos quelques graces royales, détourna les esprits des opérations commerciales sur les rivages de la mer Noire. Les galères de Roses cessèrent de se montrer dans le port de Théodosie.

Philippe II n'étant encore qu'infant s'embarqua

(1) Ascargorta : t. II, cap. XLIII. — Zurita : part. II, lib. XVIII, cap. XLIV.

à Roses avec l'élite de la noblesse (1), et vogua vers Gênes, pour aller à la rencontre de son père qu'on supposait gravement malade.

Durant les règnes trop vantés de Charles-Quint et de Philippe II, la guerre appauvrit le commerce, et le port de Roses, qu'on fortifia en 1576, fut plus fréquenté par les galères que par les navires marchands.

Le règne de Philippe III fut préjudiciable à la marine espagnole. Sa décadence eût été bien rapide, si, à cette époque, l'activité des Catalans, comprimée à l'intérieur, ne se fût dirigée vers le commerce avec les Amériques. Traversant l'Océan sur de frêles bâtimens, les marins de Roses et de Cadaqués, se firent remarquer par leur activité, leurs connaissances nautiques et le succès de leurs entreprises. Ils visitèrent l'immense côte située au sud des Antilles, et à leur tour ils fondèrent des colonies, et s'élevèrent par le commerce de leurs comptoirs, au rang de métropole.

Philippe IV eut le malheur d'accorder sa confiance au comte-duc d'Olivarès. Depuis long-temps les favoris et les courtisans gouvernaient l'Espagne. Une armée de 18,000 hommes, placée sur la frontière pour observer le prince de Condé, se livra aux plus déplorables excès. Les Catalans se vengèrent par des assassinats, et ils punirent la cour par la révolte. La république fut proclamée, et Roses,

(1) Sanz : t. VI, lib. XVII, cap. IX.

irritée et impatiente, appelait l'ennemi, lorsque les Castillans vinrent se réfugier derrière ses remparts. Richelieu encourageait et soldait la révolte; Louis XIII, par sa présence, lui donnait un puissant appui, et Roses était assiégé par le maréchal de Praslin (1), que déjà la ville de Barcelonne obéissait à un vice-roi français. Après une belle défense, don Diégo Cavallero, pressé par une escadre française qui le privait de tout secours, capitula après 49 jours de tranchée ouverte et la perte de huit mille ennemis (2). On se hâta de réparer les fortifications de Roses; mais, avant qu'elles fussent dans un état respectable, don Juan d'Autriche, fils naturel de Philippe IV, vint attaquer cette place et s'en rendit maître l'an 1652. Cette perte affligea la France, car le port de Roses était nécessaire à l'armée pour les approvisionnemens et pour assurer ses communications avec le Roussillon (3). Les Français s'en emparèrent de nouveau l'année suivante, aidés par quelques chefs de révoltés. Le roi d'Espagne fut dédommagé de cet échec par la reddition de Barcelonne et la pacification d'une partie de la province. La lutte se prolongea cependant pendant quelques années, et l'Ampourdan, occupé par deux maîtres, eut beaucoup à souffrir. Roses, privée de ses relations commerciales; soumise à la France qui lui imposait sa

(1) Mém. de Noailles, t. I, p. 215.

(2) Le siége commença le 27 mars 1645.

(3) Ascargorta : cap. 40.

politique, vit décroître rapidement son industrie et sa puissance maritime. Le traité de 1639 restitua cette place à l'Espagne.

Avec la paix, Roses ne tarda point à reprendre ses expéditions d'Amérique; mais cet élan nouveau d'une industrie qui pouvait devenir si puissante, fut encore paralysé par la reprise des hostilités. Les Français reparurent en Catalogne, et Roses fut la première place dont ils cherchèrent à s'emparer. Les fortifications étaient en mauvais état. Le courage suppléa aux moyens de défense, et les vieux levains de révolte, qui fermentaient en Catalogne, furent cette fois sans influence sur la garnison d'une ville à la possession de laquelle les deux armées attachaient le plus grand prix. Le traité de Nimègue ramena la paix en 1678. Dix ans plus tard, la Catalogne fut de nouveau envahie. Ces fréquentes attaques contraignaient l'Espagne à maintenir une armée sur la frontière, et la privaient des moyens d'opérer ailleurs d'utiles diversions. C'était le but de Louis XIV. C'est pour mieux couvrir ses projets sur les Pays-Bas et sur le Piémont, qu'il donna l'ordre d'assiéger Roses (1). Charles II, malgré la faiblesse de son gouvernement, avait compris l'importance de cette place et l'avait fortifiée avec soin. De larges fossés réunissaient le château de la Trinidad à la ville et à la citadelle, et, en avant de cette ligne de défense, étaient plusieurs redoutes qui protégeaient les ap-

(1) Mém. de Noailles : t. II, liv. II, p. 123 et suiv.

proches de la place. L'invasion commença le 28 mai 1693, et l'armée française se présenta devant Roses, tandis que l'amiral d'Estrées, avec une escadre de 21 vaisseaux de ligne et 36 galères, bloquait la rade. Des pluies extraordinaires contrarièrent d'abord les travaux. Le maréchal de Noailles se décida à attaquer du côté de la montagne. L'armée déploya beaucoup de constance et d'intrépidité. Après neuf jours de tranchée, la mine avait tellement ruiné les fortifications, qu'il fallut capituler. Le gouverneur don Gabriel Quignones, successeur de don Pédro Rubi, blessé à mort, sortit par la brèche, à la tête de 1,500 hommes. Le fort de la Trinité capitula le lendemain. Ce succès inattendu répandit la consternation en Catalogne. On craignit pour Girone, et le général Quignones fut jeté dans une prison, pour calmer les esprits.

Noailles donna ses premiers soins à réparer les fortifications de Roses. Il y ajouta quelques ouvrages, entr'autres une redoute, pour empêcher les débarquemens entre la ville et le château, et pour prendre en revers le ravin de Puig-Aliga. Il fallut déblayer les rues, et travailler activement pour enlever les immondices. Ce n'était plus Rhodes la Grecque, ni même Roses du quinzième siècle. Sous un prince inhabile et valétudinaire, la prospérité des villes, comme celle de l'État, dépérissent rapidement. Noailles n'était pas tellement occupé à disposer sa conquête pour en faire sa place d'armes, qu'il ne se préparaît à repousser le duc de Médina-Sidonia, s'il venait à menacer ses lignes. Mais ce vice-roi était sans énergie. Bientôt des chaleurs excessives et mortelles forcèrent les deux armées à se retirer dans leurs cantonnemens. L'année suivante, l'amiral Tourville vint à Roses conférer avec le maréchal, et poursuivre, sur la côte catalane, un plan de conquête dicté par Louis XIV.

Après dix années de guerres désastreuses sur le petit territoire d'Ampourdan, le traité de Riswick (an 1697) restitua Roses à l'Espagne, mais le testament de Charles II dédommagea la France.

La guerre de la succession fut longue et sanglante. La Catalogne, jusqu'alors si mal disposée pour les princes de la maison d'Autriche, si souvent en révolte contre eux, se prononça en leur faveur (1), et repoussa les Bourbons, qu'elle avait si souvent implorés comme alliés ou comme protecteurs. L'année 1705, un soulèvement eut lieu aux approches de la flotte anglaise qui portait l'archiduc, et toutes les places fortes furent livrées, à l'exception de Cervéra et de Roses. Cette courageuse résistance, au milieu de l'entraînement général, ne fut pas sans importance sur la destinée de l'Espagne. Plusieurs fois la fidélité castillane trouva un asile dans l'Ampourdan, et c'est de Roses que partaient les approvisionnemens pour les bandes ralliées à la

(1) Ascargorta : cap. XLV. — Mém. de Noailles : t. I, p. 123.

cause de Philippe V. Ce n'est pas que quelques traîtres n'eussent sourdement travaillé les esprits; mais Noailles changea la garnison de Roses, et ravitailla la place par deux riches convois.

L'année suivante, la bataille d'Almanza n'intimida point les Catalans. Ils vinrent en force envahir l'Ampourdan et bloquer Roses. Ils furent repoussés au-delà du Ter par quelques bataillons, dont Noailles avait pris le commandement. La faiblesse de son armée ne permit point au maréchal d'aller plus loin. Sans Roses, il n'eût pu se maintenir dans l'Ampourdan, et le Roussillon serait devenu le champ de bataille pendant cette guerre d'extermination.

Après douze années de lutte, Philippe V était parvenu à assurer la couronne d'Espagne sur sa tête, et Roses s'illustra par sa courageuse fidélité. La pacification de la Catalogne n'eut lieu que l'an 1715, deux ans après la signature de la paix. Cette longue résistance fut peu comprise en Europe. Les Catalans, depuis le règne de Charles-Quint, et leur réunion avec les Castillans, perdaient tous les ans quelque privilège. C'étaient des causes perpétuelles d'irritation, qui les poussaient fréquemment à la révolte. Persuadés que Philippe V hériterait des préventions castillanes, et serait dominé par le désir de rendre homogènes les diverses parties de son royaume, ils tendirent les bras à l'archiduc, et après son départ, tentèrent encore une fois la république. Ils ne rougirent point de mendier l'appui de la porte ottomane. Aveuglés par la haine, maîtrisés par d'inutiles regrets, ils ne cédèrent qu'après une lutte épouvantable, après s'être successivement donnés à l'Angleterre, à l'empereur et au Portugal.

La révolution française brisa violemment les liens de famille qui unissaient l'Espagne à la France. Charles IV, n'ayant pu prévenir, tenta de venger la mort de Louis XVI. Mais son armée, après quelques succès, dut évacuer le Roussillon, et se replier sur la Catalogne. Don Andrés de Torrès, avec une garnison de 10,000 hommes, livra Figuères et laissa Roses exposée à tous les périls d'un siège. Don Joseph Urrutia, troisième successeur de Ricardos, venait de se retirer sur la rive droite du Ter. Roses succomba l'an 1795, après un siège de 70 jours. Le traité de Bâle mit bientôt fin à la guerre.

Pendant la mémorable guerre de l'indépendance, le fameux lord Cochram s'était emparé de Roses, et par ce hardi coup de main, il éveilla bien des résistances. Le général Reille arriva en Catalogne avec la mission expresse de l'empereur, de prendre Roses avec un corps détaché. Ce siège fut long, pénible, et eut l'inconvénient grave d'appauvrir l'armée française, en l'obligeant d'opérer sur plusieurs points à la fois.

Plus tard, lorsque le sort de la guerre fit rentrer en France le maréchal Suchet, l'ordre fut donné et exécuté de faire sauter les fortifications de Roses. Vainement l'alcade supplia au nom des habitans, et objecta les périls d'une destruction qui pouvait s'étendre sur la ville, il fallut se résigner, et la citadelle de Charles V, comme le château de la Trinidad, soulevés par la mine, disparurent sous un amas de ruines.

Après tant de sièges et de calamités; après vingt-et-un siècles d'existence, la ville de Roses, réduite en étendue et dans sa population, privée de son influence maritime et de son commerce, sans citadelle et sans remparts, n'était plus qu'une ville catalane de troisième classe. D'autres infortunes menaçaient encore son existence. Lorsque la lutte inévitable des royalistes avec les constitutionnels eut de nouveau remué la vieille Espagne et armé les partis, l'Ampourdan devint de nouveau le théâtre d'une guerre acharnée. Vainqueurs et vaincus avaient un puissant intérêt à se rapprocher de la France, qui toujours fut l'alliée d'un parti.

Dans les premiers temps de l'insurrection royaliste, Roses fut défendue par les milices constitutionnelles, sous les ordres du brigadier Llobéres. (1). Lorsque la régence d'Urgel fut installée, Thomas Costa, surnommé *Missas* (Messes), soldat inconnu de l'armée, mais homme avide de pouvoir et plein de résolution, envahit plusieurs fois l'Ampourdan; soulevant, recrutant et punissant dans ses courses aventureuses, sans redouter l'ennemi; sans croire au danger, mais reculant sans honte, parce que pour

(1) Mem. de la ult. guerr. de Esp., t. I, cap. III, § III.

lui le succès devait tout anoblir. Dans une de ses courses, Castello succomba; Roses évita les périls d'une visite. Llobéres, par une marche hardie, surprit Missas, et l'expulsa de l'Ampourdan.

Don Thomas Costa, que la guerre venait de doter d'un titre nobiliaire, fut ramené en février 1823, sous les murs de Roses, par le besoin de vivres. Refoulé par Milans, il était condamné aux périls d'une déroute complète, lorsque l'armée française envahit la Catalogne. Le 21 avril, Roses se rendit, et quelques mois plus tard, Cadix et Barcelonne.

La victoire avait légitimé le grade militaire de don Thomas Costa, et le brigadier Missas, comme l'appellent encore les Catalans, fut nommé gouverneur de Roses. Depuis lors, cette ville est tombée en silence, affaissée sur ses propres ruines. Elle figure encore, il est vrai, sur le tableau des plans de guerre; mais peut-on conserver ce nom à une citadelle démantelée, sur laquelle paissent journellement des troupeaux de moutons et de chèvres; à un rocher couvert de décombres du château qui le dominait. On dit encore le *port* de Roses, comme si la vaste plage au fond de laquelle s'élèvent quelques maisons, méritait ce nom, lorsque le lazaret n'est plus qu'une baraque insuffisante, même pour l'équipage d'une barque; lorsque la grève est déserte; que les chantiers ont disparu; que les magasins sont vides; lorsque la destruction complète des casernes, laisse le gouverneur sans garnison; lorsque la charrue remue journellement le terrain des batteries, et nivelle les fossés.

Ce n'est plus à Roses que le commerce vient chercher les produits de l'Amérique, et les marchandises de la Méditerranée. De cette longue prospérité commerciale, de cette population maritime, il ne reste que quelques patrons, vieux témoins d'une puissance déchue, et quelques pêcheurs. L'agriculture s'est chargée d'accueillir et de nourrir tous ceux qui n'ont point redouté la monotonie de ses travaux. Les roches tononites, et les grandes ravines qui les avoisinent, sont journellement fouillées et plantées en vignobles, par les descendans de ces intrépides marins qu'on rencontrait autrefois dans tous les ports de l'Europe et de l'Amérique. Cinq à six rues boueuses; des habitations modestes et trop fréquemment des baraques; une petite église; une campagne nue, sans ombrage et sans jardins; voilà tout ce qui reste d'une ville puissante, dont le nom figure si souvent dans l'histoire de la péninsule.

Les produits agricoles de l'Ampourdan, s'écoulent encore par les navires de l'Escale, et par ceux qui viennent à Roses. Cinq à six négocians suffisent aux besoins et aux exigences du commerce.

D'après Méchain et la *connaissance des temps*, Roses est située sous le 42°, 18', 0" de latitude, et 0°, 47', 30". E. de longitude. Celle-ci est calculée sur le méridien de Paris et d'après l'ancienne division de l'équateur en 360 parties.

§ III. *De Roses à Cadaqués.*

Plusieurs chemins, praticables seulement par les mulets, conduisent de Roses à Cadaqués. Le plus fréquenté rencontre le vallon de pic Aliga, suit la crête de Donamorta, et vient déboucher dans le vallon du pic Rosado. Les transports de denrées et de marchandises, n'ont lieu que par mer.

Un chemin plus agréable, est celui qui serpente dans l'étroit vallon de Mas-Marés, et vient rejoindre celui de Donamorta, derrière le mont Pani, après avoir long-temps dominé la côte et les nombreuses criques qui la festonnent. A mesure que le voyageur s'élève vers les points culminans du vallon et qu'il se rapproche du Mas-Roma, les crêtes secondaires présentent leurs flancs lacérés et arides, ou des pentes rapides que couvre la vigne. Au pied de ces massifs de pampre, ou des roches granitiques qui percent le sol et multiplient les contrastes, la mer se présente sans cesse, avec son étendue, sa surface argentée par les vents et les écueils qui bordent son rivage.

Douze calas ou criques découpent la côte de Roses à Cadaqués. Celles de *Canellas*, situées à l'est et derrière le fortin ou château de la Trinité, ont abrité quelquefois des frégates. Celles de *Llado* et de *Murtra* (Myrte) accessibles pour les bateaux, ne sont remarquables que par le beau marbre statuaire blanc qu'on extrait de leur voisinage. Ces carrières long-temps négligées, appartiennnent à don Joachim de Roma, dont l'active industrie et les nobles sacrifices qu'il s'impose pour libérer sa patrie d'un tribut envers l'Italie, honore un nom déjà illustre. Ce marbre forme une couche puissante superposée au granite, et présente dans ses ramifications des variétés précieuses pour le statuaire et l'architecte. Le gouvernement en protège l'exploitation, par des droits élevés sur les marbres étrangers.

La cala *Rustella* se perd pour ainsi dire dans la grande dépression de la côte que forme la cala Monjoy. Ici finit le terrain granitique et commence le schiste argileux, avec ses strates irrégulières, et ses tables verdâtres, jaunâtres, rougeâtres ou argentées, avec ses feuillets plissés, ondulés et chiffonnés; avec ses pics anguleux et calcinés par le soleil, enfin avec tous les accidens qui caractérisent cette roche, sur la chaîne des Pyrenées orientales.

Le vallon de Monjoy, qu'une culture persévérante dispute à la stérilité, s'élève jusqu'à la crête de Donamorta. La *tour* de Monjoy, vieux manoir habité par un pauvre fermier, domine une partie du vallon. Sur le revers de la colline, à l'est du manoir, est une couche puissante d'un calcaire lamellaire bleuâtre, à cassure écailleuse, renfermant des veines, des taches, des vapeurs d'un gris blanchâtre. Cette couche est interposée dans le schiste argileux, passant au schiste micacé, alumineux ou graphite. On exploite ce marbre avec la mine, et les blocs que le hasard débite dans les strates irrégulières de la couche, précipités sans précaution dans le bas du vallon, sont charriés sur le rivage, et portés à Roses chez leur propriétaire, don Fernando Aroles. Cette exploitation n'aura quelque importance, que lorsqu'elle sera faite avec plus de soins, et qu'on aura renoncé à l'emploi de la poudre.

La cala *Pelosa* est adossée à la précédente. La vigne s'élève en amphithéâtre autour de son rivage, et des pampres vigoureux, mêlent leur feuillage, aux agavés et aux raquettes (cactus opuntia) qui couronnent la falaise jusqu'à la cala *Gutxéra*. Ici, la côte prend subitement un aspect plus tourmenté et plus sauvage.

Le cap Noféo n'est qu'un rocher élevé et séparé du continent par un amas d'ilots et de roches aigues, au milieu desquelles les embarcations pénètrent hardiment, à la voix du voyageur, ou bien lorsque les gardes-côtes menacent le contrebandier. Le schiste argileux, aux feuillets plombés, aux strates jaunâtres et traversées de filons spathiques, aux blocs anguleux et massifs, forment ici de grandes falaises qui donnent à cette partie du cap un aspect très pittoresque. Des grottes, en apparence peu accessibles, pénètrent dans les flancs de la montagne, depuis Pelosa, jusqu'à Noféo, et l'alun qui filtre de la voûte, se précipite sur le sol et forme des couches mobiles, qui attendent encore le fabricant.

Le cap Noféo est dominé par une tour. La vigne, seule culture possible dans un terrain si profondément découpé, s'étend sur le cap, en dessine tous les contours, et vient chercher le plus petit coin de terre abordable, sur le sommet des falaises. Entre le sol cultivé et la mer, il n'y a plus que d'affreux précipices, et des couches inépuisables de schiste alumineux.

La cala *Junkos* pénètre profondément dans la montagne, et sa grève reçoit sans cesse de nouveaux dépôts, charriés par le torrent de Riéra, qui descend du mont Pani. C'est ici la limite du terroir de Roses avec celui de Cadaqués. Les falaises de cette cala, sont plus basses, d'un aspect moins sauvage, et la vigne étale quelquefois ses longs sarmens, sur la roche que les flots humectent pendant la tempête.

Le schiste de Junkos présente des formes contournées et ses strates minces, noirâtres et grisâtres, offrent tous les accidens d'un livre dont les feuillets chiffonnés ou écrasés conserveraient encore entr'eux une sorte de parallélisme. Dans ce schiste feuilleté et tortillé de cent manières, les eaux de la mer y creusent sans cesse des grottes, remarquables par les efflorescences d'alun, qu'on néglige d'utiliser.

La cala *Figuéra* est petite et dans un terrain semblable à celui de Junkos. La cala *Torrembo* est plus vaste et plus encaissée. Elle reçoit un petit torrent qui descend du petit pic de Cruillas, dépendant du mont Pani et dont les eaux sont colorées par une ocre jaune, dont les habitans de Cadaqués font usage pour badigeonner leurs maisons. On trouve encore dans cette ravine d'autres ocres plus compactes, magnésiennes, bleuâtres, ou d'un rouge foncé, que l'industrie néglige. Ces dépôts ocreux recouvrent le schiste argileux intermédiaire, et se cachent eux-mêmes sous les pampres des vignes qu'on retrouve partout où la main de l'homme a pu atteindre. La roche schisteuse ne se montre qu'avec les caractères de celle de Junkos.

Il existe dans la ravine de *Torrembo* un four à chaux, qui est alimenté par les moelons calcaires, que les bateaux vont chercher sur la côte opposée de l'Escala. La briqueterie qui avoisine le four fut abandonnée lorsqu'on se fut aperçu que les ocres altéraient les matériaux.

Un seul cépage est cultivé sur toute la portion de côte que nous venons de décrire, c'est le *Lladoner* des Catalans, appelé ailleurs Grenache. On sait que les vins doux, provenant de ce cépage, sont très estimés.

En sortant de Torrembo on double deux pointes, avant d'entrer dans la cale Crostonet. Celle-ci n'est remarquable que par la couche de sulfate de baryte, qu'on trouve dans la ravine de même nom.

Toute cette portion de côte, est hérissée de grosses tables de schiste argileux, affectant la forme de parallélipipède obliqu'angle. La régularité avec laquelle les strates se délitent, donnent aux pentes que le schiste recouvre l'aspect échelonné. Rien de plus triste et de plus monotone que cette côte inculte et déserte; les bateaux redoutent d'y naviguer, pour peu que les vents agitent la mer, et les gros bâtimens l'évitent, bien que ses eaux soient profondes. Malheur à ceux que l'orage surprend ou pousse sur ces rivages; point d'abri, point de refuge, au pied des falaises, comprises entre la pointe Figuera et le cap Calamans.

Une belle rade sépare Calamans des terres basses de Portlligat : c'est celle de Cadaqués. Point d'obstacles à son entrée, et son rivage est abordable du moment qu'on est à la hauteur de la batterie. Tandis que les brises de mer poussent rapidement la barque vers Cadaqués, le paysage s'agrandit, et l'amphithéâtre de collines qui entoure la rade, offre, sur ses pentes rapides, un rideau de verdure, et des teintes qui contrastent agréablement avec l'azur de l'atmosphère et celui de la mer. A gauche, est le mont Pani, avec sa riche culture; en face, le vallon de Bosado, que domine le pic de même nom; à droite, une colline boisée par l'olivier qui, réuni ici avec la vigne, vient se perdre dans la redoute, à l'entrée de la rade. En avant du vallon, s'élève, sur un massif de rochers, la jolie ville de Cadaqués, avec ses maisons badigeonées; avec son bouquet de mâts qui borde le rivage; avec ses caves souterraines, dont la mer baigne la porte. On débarque sur la grève; car il n'y a ici ni quai, ni jetée.

§ IV. *Ville et terroir de Cadaqués.*

La ville de Cadaqués est très ancienne. On en attribue la fondation aux Grecs (1), qui trouvaient un asile dans son port, en attendant des vents favorables pour doubler le cap de Creus. A cette époque reculée, Cadaqués, simple lieu de refuge, avait bien peu d'importance, car il n'en est pas encore fait mention dans les écrivains latins. Après l'expulsion des Maures, c'est-à-dire vers la fin du huitième siècle, cette ville figure, pour la première fois, dans la relation manuscrite de la translation des reliques des SS. Abdon et Sennen, par Arnulfe, abbé du monastère d'Arles, en Roussillon. Ces reliques, venues de Rome, débarquèrent à *Cadaqués* ou *Cap-de-quers*, selon la relation sur parchemin, rapportée par Baluze, dans l'appendix du *Marca hispanica* (2).

Le port et la ville (oppidum) de *Kadachers* sont encore mentionnés dans l'acte de donation de l'an 1030, faite par le comte Gansfred, de Roussillon, au monastère de Rhodas (3). L'an 1228, l'abbé Pons

(1) Felice de la Peña : lib. III, cap. IV.

(2) Marca : num. 525, col. 1119, lib. I, cap. II. Lib. IV, col. 435.

(3) Ibid., tit. 202, 116, lib. I, cap. IX.

céda la dîme sur les barques de *Cadachers* et autres ports, au comte d'Empurias. Ce n'est qu'après la réunion du comté de Barcelonne à la couronne d'Aragon, que le port de Cadaquers prend définitivement place dans l'histoire de Catalogne.

Lorsque Roger de Lauria eut détruit la flotte française dans le port de Roses, il se présenta sans retard devant celui de Cadaqués, qu'occupaient encore les Français. Les forces étaient insuffisantes pour lui résister. Roger attaqua, prit la ville et le château, et s'empara d'un navire du duc de Brabant, chargé de la solde et du trésor de l'armée. Cette perte fut irréparable pour Philippe-le-Hardi, qui, privé désormais de secours et de la dernière communication avec la France, ordonna la retraite dans une saison meurtrière pour le soldat. A cette époque (an 1281), le château occupait le sommet du mamelon qui domine la rade et protégeait la ville marchande, qui se développait à droite sur les rochers, et à gauche sur la grève, servant de chantier de construction. L'église paroissiale était dans l'enceinte du château; mais cette vieille enceinte à disparu, et depuis lors quelques rues étroites et sinueuses ont plusieurs issues vers la campagne, à la faveur de quelques rampes taillées dans le roc. C'est sur ce mamelon qu'il faut chercher les vestiges de la ville vieille; le commerce, ennemi des entraves, était plus libre au pied du mamelon, dont les fortifications offraient une protection suffisante, en cas d'attaque. A mesure que la sécurité augmenta, la ville s'étendit sur tout le revers de la colline, à gauche du château. Les agriculteurs s'établirent, de préférence, dans le vallon; le commerce se rapprocha de la plage. Quelques maisons, hardiment construites sur les pointes saillantes des récifs, abritaient des embarcadères, donnant issue aux grandes caves qui renfermaient les vins délicieux de Cadaqués. Le temps a respecté cette utile répartition du sol entre l'industrie agricole et marchande, et le château, percé aujourd'hui dans tous les sens, dominant encore la rade, peut bien défendre au besoin la ville, mais jamais la menacer.

Cadaqués a subi sans cesse la destinée de Roses. Sa prospérité, comme ses revers, datent des mêmes époques. La possession de l'une était insuffisante, lorsqu'on n'occupait point l'autre, et que son port était ouvert à l'ennemi.

L'an 1469, le duc de Lorraine et son lieutenant Tannegui du Châtel venaient de s'emparer de tout l'Ampourdan, jusqu'à Girone. Ils négligèrent de s'emparer de Cadaqués, qui, tenant pour le roi Jean II, désolait avec ses petits bâtimens une partie de la côte catalane, et menaçait le commerce de Barcelonne. *Prenez Cadaqués*, écrivirent les magistrats de cette cité à l'amiral français, comte de Campobasso; *car il leur semblait*, ajoute Zurita, *qu'ils avaient le doigt dans l'œil* (1).

(1) « Porque les parecia, que tenian el dedo en el ojo. »

Sous Philippe II, les fortifications de Cadaqués étaient déjà en mauvais état, et les pirates moresques avaient tenté plusieurs débarquemens (1). L'an 1576, la ville et le port furent mis en état de défense. On répara aussi la tour de cap de Creus, servant d'*Atalaya*, ou de point d'observation pour les habitans de Cadaqués.

Cette ville résista long-temps aux tentatives faites par la France, pour s'emparer de ce poste important, durant la longue insurrection des Catalans contre Philippe IV. L'an 1655, et sur la fin du mois de mai, plusieurs vaisseaux de guerre se présentent devant Cadaqués, et menacent d'un bombardement à l'instant même où un corps de troupes débouche par les cols environnans, et menace la ville de résister, mais c'était trop tard; les habitans capitulèrent le 1er juin.

Dans les guerres postérieures, Cadaqués eut beaucoup à souffrir; mais chaque fois le commerce répara toutes les pertes. La séparation des Amériques et la guerre de l'indépendance ont été fatales à cette ville, et ses intrépides marins, habitués à une vie active et périlleuse, gémissent d'un état de choses qui les condamne au repos et aux privations. Dans ces derniers temps, ils résistèrent seuls et sans échec aux colonnes royalistes qui tentèrent

Zurita: anal. de Arag., t. IV, part. II, lib. XVIII, cap. XXXIII, fol. 178.

(1) Felice de la Peña: lib. XIX, cap. XI.

de les envahir ; mais, en prenant les armes, ils pensaient se battre pour la liberté du commerce, et non défendre les exigences d'un parti. On dit qu'aujourd'hui privés de moyens réguliers de trafic, leur activité s'exerce en secret dans la contrebande qu'ils font sur la Méditerranée, n'importe à quel préjudice. En effet, pour une population de près de 2,000 ames, agglomérée et isolée sur le revers d'une montagne, loin de la plaine et sur des rochers, avec un bon port et une belle position commerciale, il n'y a qu'un seul moyen d'existence, c'est le négoce. Après lui, reste la contrebande pour les plus actifs, la pêche et l'agriculture pour les autres. Celle-ci n'est pas sans importance sur le sol naguère inculte de Cadaqués. La vigne couvre de vastes surfaces, et l'olivier forme un immense bosquet en arrière de la ville. La main de l'ouvrier a défriché et planté tout ce qui pouvait l'être, sans trop considérer le bénéfice qui devait résulter un jour de ces longs et pénibles travaux. On peut dire de Cadaqués, que c'est la terre qui manque au cultivateur, et non les bras à la terre L'huile récoltée sur son terroir est estimée, car elle s'obtient de deux variétés d'olives propres aux climats chauds et inconnus au reste de l'Ampourdan. Le vin est la récolte la plus précieuse et la plus importante. Elle s'écoule en Angleterre, après avoir reçu à Oporto ou à Jersey, une dénomination portugaise. Le cépage le plus commun et le plus estimé est le Lladoner ou Grenache.

La marine de Cadaqués, autrefois si puissante, ne se compose plus que de 30 barques du port de 40 à 100 tonneaux. Il est vrai qu'on n'en compte guère plus aujourd'hui de 500 sur toute la côte catalane. C'est bien peu de chose pour une province qui eut plus de 2,000 barques de commerce, et qui, en temps de guerre, faisait sortir des ports militaires de Roses, de Cadaqués, de Palamos et de Barcelonne, des flottes puissantes et redoutées. Le port de Cadaqués est fréquenté par les chebecs, les felouques et les brigs. Les tartanes, autre sorte de navire catalan, s'arrêtent à quelque distance de la grève. A plusieurs reprises, des frégates anglaises ont jeté l'ancre au milieu de la rade.

Cadaqués entretient des relations commerciales avec Gibraltar, Barcelonne, Marseille, Libourne, Malte et quelques ports intermédiaires. Ses succès éphémères, ses revers fréquens, tout est mystère. Ce qui est évident, c'est que, malgré le découragement des esprits et les plaintes du commerce, les maisons de Cadaqués ont un aspect de propreté et d'aisance qui fait honneur à l'activité de ses habitans. Les toitures sont en briques, bien que le schiste tégulaire serve de soubassement à la ville, et que cette roche, avec les modifications qui lui sont propres, constitue le terrain environnant.

Le pic et col *Bofado* doivent cette dénomination au souffle impétueux du vent du nord, qui ne se fait sentir que dans ces seuls points du terroir de Cadaqués, mais avec une extrême violence.

Le mont Pani rappelle le culte du dieu Pan, et cette dénomination remonte au même peuple qui consacra à Vénus les points principaux de la montagne de Roses. Il existe encore, sur les Albéras, le col de Panizars, dont M. Petit Radel a fait mention dans une savante dissertation.

§ V. *Excursion au cap de Creus.*

A l'est de Cadaqués, est le vieux Port-Lligat, que les alluvions encombrent sans cesse, mais qui, dans son étendue, offre encore un abri aux petits bâtimens surpris par la tempête. Une colline basse et en grande partie cultivée, le sépare de la rade.

Un sentier d'exploitation, tracé au milieu des vignes et sur le revers sud de la crête de Puig-alt (pic élevé), suit péniblement toutes les sinuosités et toutes les aspérités du terrain. C'est le seul moyen de communication entre Cadaqués et le cap de Creus. Jusqu'à la cala *Junquet*, les bosquets d'oliviers embellissent ce revers; mais, au-delà de cette limite, une température plus irrégulière oppose un obstacle invincible à la culture de ces arbres. La vigne, plus robuste, s'avance encore à l'est, et atteint la ravine de cala *Bona*. Ici, la nature reprend ses droits. L'exposition méridionale ne suffit plus à la végétation. Les vents d'est, avec leur humidité, la contrarient sans cesse; et le sol, abandonné par le cultivateur, ruiné par les orages, se cache à peine sous quelques arbustes.

Le schiste argileux, avec ses modifications, avec ses couleurs variées et ses reflets dorés, bronzés ou argentés; avec ses noyaux de quartz nuancés à l'infini, forme le terrain de Port-lligat, et des calas Alqueria, Junquet, Guillota et Bona. Cette roche passe plus rapidement au schiste micacé, en atteignant la petite cala Torta, et la crête abrupte de Jugadora. La cala de même nom est profondément encaissée dans les flancs de la montagne, et ses eaux noirâtres mugissent au moindre souffle des vents, et attristent cette solitude.

Depuis la cala Jugadora, la roche granitique remplace le schiste micacé; mais, avec des accidens si variés, des caractères si uniformes, des rapprochemens si évidens, qu'on ne peut s'empêcher de la considérer comme une anomalie des roches micacées, et d'attribuer à toutes les deux la même origine. Ce granite est compacte, à gros grains, avec des cristaux amorphes de feldspath blanc et de quartz grisâtre. La tourmaline à très petits cristaux disséminés dans toute la pâte, et le mica, y abondent. Celui-ci est parfois bronzé, mais plus souvent argentin, et dans ce cas, ses *larges* lamelles, superposées comme les feuillets d'un livre, jettent un vif éclat, et attirent l'attention du navigateur. Toute la grande falaise de Jugadora, lacérée sans cesse par l'action des eaux, est colorée et comme argentée par le mica.

La côte du Cap est d'un accès difficile et souvent impossible, fouillée par les vagues et taillée à pic; ses sommités, faiblement gazonnées, dominent d'affreux précipices; et la mer, avec ses profondeurs, tourbillonne sans cesse dans les calas Fredosa et Culip.

Le Cap, avec sa base noircie par le schiste, avec ses roches calcinées par les élémens, avec ses flancs caverneux, se détache du continent par la crête de rochers qui sépare Jugadora de Culip. Une tour antique, ruine d'une atalaya, qui probablement succéda à un phare grec, couronne le sommet du Cap. A ses pieds, la mer mugit sans cesse, en pénétrant dans la profonde caverne de l'*Enfer*.

En face du Cap, le récif de Massadoro et celui plus rapproché et plus étendu de Maria-Blanca, ou Encalladora, montrent leurs arêtes nues et jaunâtres, sous l'écume qui bouillonne autour d'eux, et coule sur leur surface.

Le cap de Creus fut connu des Grecs sous le nom de promontoire d'*Aphrodite*, et des Romains, sous celui de *Vénus* ou des *Pyrénées* (1). Lorsque le prosélytisme des chrétiens chercha à détruire jusqu'aux dénominations qui rappelaient des cultes proscrits, une croix fut élevée sur le promontoire, et on l'appela dès-lors *Caput Crucis*, ou cap de la Croix, et en catalan,

(1) Promontorium Aphrodisium. Prom. Veneris. Prom. Pyrenæi. Marca : lib. I, cap. IX, § III. — Mela : lib. II, cap. V.

Cap de Creus, parce qu'effectivement il y eut d'abord plusieurs croix sur le Cap. Les archives de S. Pierre de Rodes (1) renferment un diplôme du règne de Hugues, roi de France, l'an 990, qui confirment l'origine de cette dernière dénomination.

En arrière du Cap, et sur la côte nord, est la cala profondément encaissée de Culip. De grandes falaises de schiste micacé, taillées en surplomb et inaccessibles, l'entourent, et offrent, malgré la profondeur des eaux, un périlleux abri au bâtiment que refoule le vent du sud. Malheur à celui-ci, si, dans cet abri, le vent du nord vient à souffler! Prisonnier dans un bassin sans issue, pour suivre le vent, il doit périr et son équipage a peu de chances de salut.

La portion de côte qui s'étend depuis Culip jusqu'à la pointe Galladera, est une affreuse solitude; sans végétation, sans eau courante, sans grève, et incessamment battue par les vagues. De profondes ravines sillonnent ce revers, recueillent les eaux pluviales, et jettent celles-ci dans la mer par des pentes rapides et hérissées de rochers. Ces rivages, tourmentés par la tempête, offrent partout l'image de la destruction; soit qu'on s'élève vers les points culminans, soit que, cherchant quelque étroit passage, on se rapproche, non sans fatigue, des échancrures multipliées, dans lesquelles les vagues tourbillonnent sans cesse. Cette côte, appelée Tudela,

(1) Marca : lib. I, cap. X, num. 3.

est redoutée des navigateurs, et des naufrages fréquens justifient la nécessité de doubler le Cap au large pour éviter un péril inévitable dans le changement brusque du vent.

La côte de Tudela mérite l'attention des géognostes, par la nature de ses roches, par leurs anomalies et par l'ordre de superposition qu'elles suivent entr'elles. Le schiste micacé est la roche dominante ; sa cassure est grenue dans le sens transversal ; les feuillets sont d'un gris foncé ou noirâtre, et imprégnés d'abondantes lamelles de mica jaunâtre et bronzé. Le quartz blanc, en petits grains, est disséminé dans la pâte de cette roche. Parfois, comme à Culip, ce schiste est jaunâtre, plissé, tortillé, ondoyant; fait feu sous le briquet, et est interposé dans d'autres strates noirâtres, carburées et moins tourmentées. Les lamelles de mica sont ici excessivement petites, mais très abondantes. Le schiste du Cap est d'un brun pâle, très feuilleté et fréquemment coloré par des oxides de fer. Il est plus noirâtre sur le revers nord, moins micacé sur la côte sud ; mais ces anomalies fréquentes indiquent bien plutôt l'influence des causes accidentelles au moment de la cristallisation, qu'un changement de formation.

Le sel marin, dont est saturé le vent de mer, corrode, creuse et ruine sans cesse les couches micacées de Tudela. Elles forment des falaises abruptes, des masses colossales et isolées sur leur base ;

des surfaces ridées par l'action des vagues ; des cavernes sombres et hérissées d'aspérités. Nulle trace de végétation, nul cryptogame sur les parties même les mieux exposées. Souvent un sentier rubané par des noyaux de quartz hyalin, livre un passage inattendu, dont on ne soupçonnait point l'existence.

Mais ce qui donne à cette côte inhospitalière un caractère particulier sous le rapport géognostique, c'est la superposition du granite au schiste micacé. Ce granite est à gros grains; il abonde en cristaux amorphes de feldspath blanc, de quartz et de tourmaline, et est surchargé de mica. Ce dernier minéral passe fréquemment à l'état de talc, ou bien ses larges lamelles bronzées, noirâtres, jaunâtres ou argentées, reflètent vivement la lumière. Cette roche formait sans doute une vaste couche superposée au schiste micacé, avant que les destructions perpétuelles qui s'opèrent sur la côte de Tudela ne l'eussent ruinée dans quelques parties, et divisée dans les autres en une infinité de masses qui parfois ont jusqu'à 200 mètres cubes. La teinte jaunâtre de ces masses contraste avec la couleur plus sombre du schiste, surtout si les eaux de la mer, soulevées par la tempête, humectent la surface de cette dernière roche. De beaux cristaux de tourmaline noire, semblables à de petits câbles jetés sur le roc, traversent le granite, et se détachent vivement sur une teinte fauve ou jaunâtre.

Ce granite superposé, s'étend depuis *Galladera*

jusqu'à *Fredosa*, en contournant le cap ; il forme aussi les récifs d'Encalladora et de Massadora. Des filons granitiques, partant quelquefois de la roche supérieure, pénètrent comme des racines, dans la roche micacée.

Ces deux roches sont donc contemporaines, et ne diffèrent en réalité, que parce que dans le granite l'aggrégat s'est formé avec des matériaux faiblement divisés, et que dans le schiste, les minéraux ont été broyés et comme pétris, avant la cristallisation. Dans ce dernier, le mica abonde, en variant ses couleurs et la grandeur de ses lames; dans l'autre, c'est le feldspath et le quartz. On ne saurait donc classer les roches du cap de Creus, dans les primitives, puisque le schiste argileux, le schiste micacé et le granite, qui constituent ce terrain, appartiennent à la même formation et que ces roches ne diffèrent entr'elles, que dans la proportion des mêmes élémens constituans, ou par l'absence de l'un d'eux.

Depuis la pointe Galladera, jusqu'au cap *Puig-gros*, près la Selva, le schiste micacé passant à l'argileux, constitue le terrain. Les calas Prona, Bordiao, Taballera et Cativa, bordent cette portion de côte. La végétation et quelques lambeaux de culture, recréent la vue, jusqu'à la ravine de saint Baldiri, qui est la limite orientale de la vigne, pour le terroir de la Selva.

Les deux fermes de Rabassé d'Adal et Rabassé d'Abaix, reléguées dans un très petit vallon, en arrière de Tudela, n'offrent que de chétives récoltes, à la constance du fermier catalan. La ferme supérieure (d'Adal) est bâtie sur une couche de schiste rubané. Cette roche a déjà été décrite par M. de Charpentier.

La chaux carbonatée se présente ici, pour la première fois, sur le revers nord du cap de Creus; mais ce n'est encore que d'une manière accidentelle. Elle est plus abondante, à la Birba, autre ferme, que la grande ravine de Puig-alt, sépare du Rabassé. L'industrie agricole, s'exerce ici sur un terrain plus productif. La plage est plus accessible; le terroir moins raviné, et quelques arbres embellissent les rives d'un torrent dont la source est dans un bois de pins (pinus pineaster), dernier vestige d'une forêt, que les insurrections catalanes, plus que les constructions maritimes, contribuèrent à détruire. Au nord de la Birba, et sur le mamelon de schiste argileux qui domine Cala-Prona, est une puissante couche de calcaire lamellaire, à cassure écailleuse, blanc, ou veiné, taché, rubané de mille manières, par un calcaire carburé et bleuâtre. Souvent de légères vapeurs contournent des noyaux formés, et puis se condensant peu à peu forment des zones parallèles, sur un fond d'un blanc éclatant.

Le calcaire de la Birba semble appartenir à une formation plus étendue, qui se cache sous le schiste argileux, et se montre plusieurs fois avant d'atteindre le col Bosado. La carrière supérieure, ouverte dans cette couche sur le revers nord du pic Bosado, offre un calcaire grenu, coloré diversement par le carbone passé à l'état de graphite, et traversé par des veines irrégulières de spath calcaire, ou d'un calcaire rosacé, imprégné de quartz blanc, à grains très fins; de petits globules de magnésie, altèrent ce marbre. Le schiste argileux, à reflets rougeâtres et renfermant des cristaux de fer sulfuré, recouvre cette carrière.

Deux fermes, les Obertins, sont les seuls asiles offerts au voyageur que la tempête surprend, entre la Selva et Cadaqués. La colline de saint Baldiri, avec ses vastes revers, est couverte de vignobles. Une rampe rapide, creusée dans le schiste argileux coloré par le fer et vernissé par le mica, conduit à travers de beaux vignobles, jusqu'au port de la Selva.

§ VI. *Ville et port de la Selva.*

Le port de la Selva est situé à l'issue de deux vallons qui descendent, l'un de la crête de Donamorta, et l'autre, du pic de S. Salvador, et de la crête de Viñya-Vella. Les alluvions des torrens qui coulent dans ces vallons, s'accumulent sans cesse au fond du port. Celui-ci est abrité contre les vents d'Est, par une colline peu élevée que dominent deux batteries, mais les vents du nord y pénètrent sans obstacle, et en rendent l'ancrage peu sûr. Les frégates, parviennent facilement jusqu'au milieu du port, ou plutôt de la petite rade de la Selva, malgré les attérissemens.

Les premiers navigateurs qui visitèrent cette côte, intimidés par les coups de vent si fréquens dans le golfe Celtique, durent attacher une haute importance au voisinage d'un port, qui leur permettait d'attendre des vents plus favorables, pour doubler le cap. Les Romains donnèrent à cette contrée le nom de Silva, parce qu'alors une forêt (1) d'oliviers sauvages, de pins et de micocouliers (celtis australis), en couvrait toute la surface. Les Catalans ont altéré la dénomination latine, et la *Silva* romaine est déjà désignée sous le nom de la Selva, dans les actes du Xe siècle. Cette petite ville s'étendait probablement jusqu'à la tour romaine ou phare, située sur le mamelon, qui sépare le port, du vallon de S. Salvador. Les besoins du commerce, et les périls de de la navigation, firent fonder une seconde ville, qui, malgré tant de guerres désastreuses et tant de luttes nationales, subsiste encore, à gauche de l'entrée de la rade. Elle n'est guère habitée que par des marins; mais aucun d'eux n'est étranger aux travaux agricoles et surtout à la culture de la vigne. La ville haute, ou la *Selva-d'Adal*, située dans le vallon, et à demi-lieue de la ville basse, ou *Selva-de-*

(1) Corpus ipsum promontorii, cautivus horrens est, nisi qua silvis vestitur. Unde vico *selvæ* nomen Marca hispan., lib. I, cap. II, num. 5, col. 10.

Mar, est plus peuplée, et reste étrangère aux spéculations commerciales.

Le terroir de la Selva produit un excellent vin, qu'on obtient du cépage appelé ici *Lladoner*, et en France *Grenache*. Quelques jardins établis à grand frais sur la grève du port; un riche vignoble; des bosquets d'oliviers disséminés sur les pentes abritées, un climat sain et des communications fréquentes et faciles par terre, plus faciles par mer, rendent agréable le séjour de la *Selva-de-Mar*.

Les flancs de la colline, en dehors et à droite du port, renferment près des batteries un banc très puissant de granite, qu'on exploite pour les constructions urbaines.

La Selva haute, qui paraît être la cité antique, alors que le port pénétrait plus avant dans la vallée, est sur les bords d'un torrent dont les eaux sont utilisées pour l'irrigation des terres et pour la fabrication des huiles. Pressée entre deux collines, cette petite ville ne se compose guère que d'une longue rue, dont l'église paroissiale est le plus bel ornement. La Selva ne mérite guère le nom de ville par sa population et son étendue; mais elle a pour elle d'antiques souvenirs; mais l'industrie agricole y est si perfectionnée, ses résultats sont si appréciés du commerce, qu'on est peu disposé à lui contester un titre sous la protection duquel se placent d'ailleurs, des franchises locales et des lois municipales.

Quinze usines fabriquent pendant plusieurs mois

de l'année, les olives récoltées dans le terroir de la Selva haute. Une forêt d'oliviers couvre la colline escarpée de Dijous (qui forme le revers méridional du vallon de S. Salvador ou la Selva), le revers opposé ou septentrional et la majeure partie du fond du vallon. Ces arbres y sont bas, touffus et très productifs; on ne les fume jamais. La vigne est toujours cultivée, n'importe les frais, entre les rangées d'oliviers. La roche schisteuse, qui constitue le terrain et perce fréquemment la faible couche de terre arable, n'est pas un obstacle à la végétation. Les racines pénètrent rapidement dans les fissures, contournent les roches, et, abritées contre les influences trop immédiates de l'atmosphère, et surtout contre la sécheresse, elles favorisent des récoltes qui s'élèvent à deux mille hectolitres d'huile. La récolte de vin, dépasse fréquemment seize mille hectolitres. La récolte des céréales est insuffisante; on l'évalue à mille hectolitres. Celle des plantes légumineuses est insignifiante, le commerce y supplée facilement.

On sale les olives en octobre, et lorsqu'elles sont déja colorées en noir. Cette pratique est assez générale dans tout l'Ampourdan. A la Selva de Mar, les travaux y sont plus variés. Le marin navigue avec le beau temps, et bêche le roc lorsque la saison est défavorable. Comme celui de Cadaqués, l'habitant de la Selva est accusé de faire la contrebande; sa position du moins l'y convie. Si cela est, c'est sans démoralisation. Son activité pour la pêche et pour le cabotage, l'emploi de tous les momens perdus à la culture d'un vaste vignoble; l'importance des salaisons qu'il vient annuellement vendre à Beaucaire, ou qu'il débite sur la côte catalane; son dédain pour le luxe et son indifférence pour tout ce qui s'écarte des besoins ordinaires de la vie amplement satisfaits, répandent l'aisance dans un grand nombre de familles, et chassent la misère de ce petit port de mer. Les marins de Roussillon sont moins heureux dans leurs opérations, et la rivalité qui existe entr'eux et ceux de la Selva est sans émulation et sans utilité pour la France.

§ VII. *Monastère de S. Pierre de Rhodes.*

Les Rhodiens, maîtres de la montagne, élevèrent un temple à Vénus sur le revers nord et au pied du pic principal. Le navigateur l'apercevait comme un phare long-temps avant de doubler le promontoire (1), et les gardiens du temple étaient les premiers à signaler au loin dans la mer les vaisseaux venant de la métropole.

Tant que la colonie de Rhodes prospéra, ce premier monument de l'architecture grecque sur la côte ibérienne vit agrandir et embellir son enceinte et accroître sa renommée. Il donna son nom à toute cette portion de côte. Il y eut le port de Vénus (*Portus Veneris*), aujourd'hui Port-Vendres; le pic de Vé-

(1) Marca: lib. I, cap. III.

nus (*Podium Veneris*), aujourd'hui *Puig San Salvador*, et le cap de Vénus ou promontoire d'Aphrodite, aujourd'hui cap de Creus. D'autres divinités subalternes protégèrent certaines localités. Cadaqués adopta le culte de Pan, avec son autel rustique et ses Lupercales. Plusieurs dénominations rappellent encore ce culte, et traduisent des noms qui effarouchèrent le pape Benoît VI, et le comte Gauzfred de Roussillon (1).

Après douze siècles prospères, un nouveau culte vint remplacer les fictions mythologiques, attaquer sans relâche tous les vieux souvenirs, et détruire les monumens destinés à les perpétuer. Le temple d'Aphrodite tomba en ruines, détruit par la main du temps, ou par le prosélytisme chrétien. L'histoire se taît sur cette décadence, et la barbarie du moyen âge a jeté un voile sur les antiques traditions. Quelques vieilles légendes nous apprennent vaguement l'érection d'un autre temple qui a eu aussi ses douze siècles de prospérité, et qui n'est plus aujourd'hui qu'un amas de ruines. Analysons ces légendes, puisque les parchemins vermoulus qui les renferment ont été les seuls guides des historiens et des antiquaires catalans.

S. Paul Serge, apôtre de la Gaule narbonnaise, et disciple du premier S. Paul, vint en Catalogne, et n'eut, pendant deux ans, d'autre asile qu'une

(1) Marca, appendix : num. 130, col. 928. — 116, col. 903. — 117, col. 906. — 110, col. 912.

grotte située sur la montagne de Rhodes. Sa mission commence; il quitte la grotte, et les ronces en bouchent l'entrée et éloignent le berger de cette solitude. Sous l'empereur Phocas, vers l'an 609, Félix, Pons et Épicine, prêtres, transportent en Espagne, par ordre de Boniface IV, les reliques de S. Pierre, de Ste. Concorde et de S. Modérat. Ils débarquent sur la côte nord de cap de Creus; mais, alarmés pour la sûreté du dépôt qui leur est confié et pour le succès de leur message, ils cherchent un asile, trouvent la grotte et l'autel rustique de S. Paul, y déposent les reliques et se retirent. Plus tard, ils reviennent, et meurent anachorètes près des saintes reliques. D'autres cénobites leur succèdent, et, grace à la ferveur et à la charité des fidèles, un monastère s'élève autour de la grotte, qui devient chapelle souterraine. Ainsi parle la légende. Mais si elle est véridique, nous devons supposer que le temple de Vénus était déja détruit sous Néron, époque de la prédication de S. Paul Serge; ce qui est peu probable. Il est plus naturel de supposer que les premiers chrétiens, en proscrivant le culte de Vénus, et démolissant le temple rhodien, se hâtèrent ici, comme sur tant d'autres points, d'y substituer leur culte, afin de donner à la dévotion populaire un autre but et une autre croyance, sans trop la décourager ni la blesser. C'est du moins ce qui advint, pour le temple de Vénus, à Monserrat, sous l'empereur Philippe, l'an 253.

Quoi qu'il en soit, un petit monastère, dédié à S. Pierre, existait vers l'an 650, sur l'emplacement du temple de Vénus pyrénéenne (1). Les Maures le ruinèrent au moment de l'invasion. Mais la religion avait consacré ce lieu; d'antiques souvenirs s'y rattachaient; le peuple y revint, et des religieux avec lui. Sous Charlemagne, une grande enceinte flanquée de tourelles annonçait déjà la puissance seigneuriale de l'abbé de S. Pierre de Rhodes ou Rodas, comme on commençait à l'écrire.

Bientôt ce monastère, placé sous la règle de S. Benoît, devint un des plus importans de la Marche d'Espagne par ses richesses et par l'étendue de ses domaines. Tassius (2), moine de S. Pierre et chevalier illustre avant son entrée dans le cloître, se rendit en Aquitaine, dans l'année 943, auprès du roi Louis d'outre-mer, et obtint de placer le monastère sous sa protection royale. C'était obtenir l'indépendance d'une manière absolue. De nouvelles concessions, de nouveaux legs vinrent accroître les revenus et le crédit de l'abbé de S. Pierre. En 947, Guisade, évêque d'Urgel (3), fit don à l'église de Rhodes du fief d'Ulcéja en Cerdagne. Cette même année, le moine Tassius sollicita et obtint d'affranchir le monastère

(1) « Et impositum eidem *Arcæ*, quam occupabat « templum Veneris Pyrenææ. » Marca hispan., lib. I, cap. XVI, num. 12, fol. 96.

(2) Marca, Appendix: tit. 79, col. 855.

(3) Marca: tit. 82, col. 858.

de son antique dépendance (1), et de toute subordination envers l'abbé Aefred, et le monastère de S. Étienne et de S. Polycarpe de Banioles en Catalogne. Cette charte mit fin à de longues contestations que les richesses acquises par les deux monastères rendaient intolérables pour les Catalans ; mais il manquait encore à l'abbé de S. Pierre une dernière et puissante garantie pour rendre son indépendance irrévocable. Elle fut sollicitée à Rome, et obtenue par le même Tassius, qui semble avoir été à cette époque, et, sous le modeste titre de moine, le véritable chef du monastère. La communauté avait voulu le placer à sa tête, et, sur son refus obstiné, elle nomma son fils Heldesinde, qui plus tard fut aussi évêque d'Elne. Tassius mourut en 958, et fut enseveli près le maître-autel. Une épitaphe consacra le souvenir de ses vertus et de ses services.

Heldesinde suivit les traces de son père. Le comte Gaufred de Roussillon et son fils Sunier, évêque d'Elne, firent don au monastère de Rodas du droit de pêche sur l'étang de Castello (2), et des trois îles voisines, appelées aujourd'hui las Medas. Ces îles sont des rochers abruptes dont les géographes anciens ont fait mention. Festus Avienus nous en a donné une description en vers. La dénomination de Médas vient de *Meta* (3); c'était la borne placée à

(1) Marca : tit. 83.
(2) Ibid., tit. 109, col. 892.
(3) Ibid., col. 171.

l'extrémité de l'arène, contre laquelle les chars couraient risque de se briser. Effectivement les rochers de las Médas contrarient la navigation sur la côte de *Tarruella*, et masquent l'embouchure du Ter. Les Anglais, sous les ordres de lord Cochrane, fortifièrent avec succès une de ces îles pendant la guerre de l'indépendance. Leur possession avait donc quelque importance pour l'abbé de S. Pierre de Rodas.

L'an 974, le même comte Gaufred et son fils Sunier firent au monastère l'importante donation d'un vaste terroir avec les fermes et les alleux enclavés, outre le droit de pêche et de chasse. Ce terroir est situé entre la vallée de Llansa au nord; la pointe Taballera, ou ravine de S. Baldiri, à l'est; la crête de Viñya-Vella et le pic S. Salvador, à l'ouest. Dans ces limites, que d'autres concessions modifièrent plus tard, étaient compris les châteaux de Miralias et de Filmera, et l'antique forteresse de *Verdaria* ou *Viridaria*, dont les tours couronnaient le pic S. Salvador, autrefois *Podium Veneris*. La possession de cette forteresse, au pied de laquelle est le monastère, complétait le fief de l'abbé de Rodas. Désormais celui-ci domine sur un vaste territoire qu'il peuplait, cultivait ou exploitait à son gré, et sur lequel nulle justice, nul pouvoir étranger n'avait le droit d'aborder ni de pénétrer sans son assentiment. Cette donation, ainsi que les antérieures, furent encore confirmées par la bulle du pape Benoît VI, sur la demande de l'abbé Heldesinde (1), qui obtint de plus de placer le monastère et toutes ses possessions sous la protection immédiate du S. Siége. Cette bulle, qui est de l'année 974, concède aux moines le droit d'élire librement leur abbé, à la mort d'Heldesinde. Ce droit une fois acquis devint règle invariable contre les tentatives du pouvoir; et depuis lors, l'abbé jouit aussi sans contestation du rang et des honneurs d'évêque.

En 979, à la demande du même Heldesinde (2), qui, dans l'intervalle, avait réuni à ses titres celui d'évêque d'Elne, le pape Benoît VII plaça de nouveau le monastère et toutes ses dépendances sous la protection du S. Siége et des apôtres SS. Pierre et Paul. Cette seconde bulle ne confirmait pas seulement les anciennes possessions, mais encore toutes celles que la libéralité des Catalans avait prodiguées depuis Benoît VI. Pour mettre cette garantie à l'abri de toute fausse interprétation, il est dit que la bulle comprend tout ce que l'abbé possède ou pourra acquérir, *depuis Narbonne jusqu'aux confins de l'Espagne.*

A peine Heldesinde s'était assuré la protection de Rome, qu'il sollicita de nouveau celle du roi de France. A cette époque reculée, l'Église recherchait l'appui des princes pour mieux résister aux prétentions hostiles d'un voisin obstiné, et cet appui n'était jamais refusé, car il préparait à son tour l'émancipation de l'autorité royale. Hlothaire ou

(1) Marca: tit. 117, col. 906.

(2) Ibid., tit. 125, col. 921.

Lothaire, par ordonnance de l'an 982, confirma et garantit tous les fiefs et toutes les dépendances du monastère, consistant, à cette époque, en plusieurs châteaux; 2 étangs; une grande étendue de côte, avec droit de pêche; plusieurs fermes sur la montagne de Rodas; 6 églises paroissiales; 26 fiefs dans le comté de Peralada; 5 fiefs et 2 étangs dans le comté d'Ampurias; 4 fiefs ou alleux dans le comté de Bésalu; une ferme et 4 alleux, dans le comté de Girone; deux alleux dans le comté de Barcelonne; un fief et 2 fermes dans le comté d'Osona (*vich*); une ferme à Cardona; deux églises avec leurs dépendances dans la Haute Catalogne; 2 fiefs dans le comté de Cerdagne, un autre fief dans le Conflent; 11 églises paroissiales avec les alleux qui en dépendaient, dans le comté de Roussillon; 2 églises et plusieurs alleux, dans le comté de Fenouillet; enfin, en 2 maisons à Narbonne. A ces vastes possessions, il faut ajouter la majeure partie de la montagne de Rodas, qui, à cette époque, était plus boisée; les Madragues placées à l'entrée des étangs de Castello, et plusieurs ports ou calas fréquentés par les pêcheurs.

D'autres donations vinrent enrichir encore l'abbé de S. Pierre; c'était toujours l'évêque Heldesinde(1). Une bulle de Jean XV confirma, l'an 990, l'inviolabilité de ces nouvelles acquisitions.

L'an 1008, Guislabert, comte de Roussillon, et

(1) Marca: tit. 150, col. 951.

Hugues, comte d'Ampurias, firent don de plusieurs alleux, et de la dîme réservée par Gausfred sur l'étang de Castello.

Pour un monastère si richement doté, et visité par une grande affluence de pèlerins, désormais l'église était trop petite. Heldesinde jeta les fondemens d'un vaste édifice, que son successeur Pétrone (1) eut la tâche de terminer. L'an 1022, la nouvelle église fut consacrée, et bientôt après enrichie par les fidèles.

Vers la même époque, l'abbé Pétrone écrivit à Benoît VIII pour réprimer les prétentions de quelques évêques; pour dénoncer le mépris affiché par Guillaume, comte de Bésalu, contre les excommunications du S. Siège, et pour obtenir la punition de ce dernier, par la confiscation de quelques alleux *au profit du monastère*. Le comte Hugues d'Empurias fut également dénoncé, mais avec plus de ménagemens. L'abbé se borna à solliciter contre lui une simple admonition. Cette modération apparente était un avertissement, et il fut compris. Hugues, intimidé, trop faible pour s'exposer aux censures du S. Siège, fit don à Pétrone de toute la côte de Rodas (2), comprise entre la ravine de S. Baldiri, limite orientale de la donation de Gausfred, et la cala Jungués ou Junguls, aujourd'hui Junkos. Dans ces limites, se trouvaient les ports

(1) Marca : tit. 194, col. 1034.

(2) Ibid., tit. 202, col. 1042.

ou calas de Port-Long ou Tudéla, de Chulip (Culip), de Cap de Creus ou Jugadora, de Port-Lligat, de Kadachers et beaucoup d'autres, grands ou petits, qu'il serait trop long d'énumerer, dit la donation. L'intérieur du Cap, y compris le Puig-Alt, les terres incultes de Bofado et de Paui, en faisaient également partie. Hugues n'excepta de la donation que le bois de S. Romain, qui ne resta pas long-temps séparé du fief cédé.

Si l'on jette un coup-d'œil sur la carte, on se convaincra de l'importance de l'acte que provoquèrent les censures de l'Église, et qui rendit le monastère l'unique et paisible possesseur de tout le Cap.

Graces à son heureuse position, le développement industriel fut rapide sur la côte de Rodas. La pêche, la chasse, le pacage des moutons, l'exploitation des forêts et des carrières, favorisèrent l'accroissement de la population. L'agriculture, par des défrichemens et des plantations; l'industrie, par la fabrication de certains produits, donnèrent une grande valeur à des terres incultes, et le cabotage, suppléant à tous les besoins de la vie, encouragea tous les efforts.

Pons, comte d'Empurias ou plutôt d'Ampurias, tenta vainement de contester la donation du comte Hugues, son père (1). L'abbé Pierre Dalmau gagna son procès en 1044; mais il usa de sa victoire

(1) Marca : tit. 226, col. 1085.

avec modération. La réconciliation fut complète, lorsque Pierre, fils du comte Pons, fut nommé abbé de Rodas. Le comte et la comtesse Adélaïde cédèrent alors au monastère le bois de S. Romain si vivement désiré.

L'an 1092, l'abbé Matfred, auquel l'abbé de Bagnoles contestait certains fiefs (1), fut maintenu dans leur possession par jugement arbitral. Cette attaque fut la dernière que tentèrent les abbés de Bagnoles.

Depuis la fin du onzième siècle, les abbés de S. Pierre figurent honorablement dans les annales de la Catalogne, et leur nom se retrouve sans cesse dans les chartes et dans les assemblées politiques. On les voit prendre un rang distingué dans les conciles provinciaux ou dans les conseils des princes aragonais. Comme chefs d'une grande communauté et comme possesseurs de fiefs, ils siégeaient dans les cortès catalanes. Leur fidélité, qui jamais ne faillit, se signala contre Philippe-le-Hardi, et pendant les guerres civiles qui ébranlèrent avec tant de périls toute la Haute-Catalogne.

Les princes castillans, appréhendant sans cesse l'insurrection des Catalans, ménagèrent les abbés de Rodas et surent se les attacher par des dons, par des faveurs personnelles et même par des pèlerinages à l'antique monastère.

A peine la maison de Bourbon fut-elle en posses-

(1) Marca: lib. IV, col. 471.

sion du trône espagnol, que l'insurrection éclata. De tous côtés on courrait aux armes; l'abbé de Rodas mieux conseillé que les nobles catalans, prêta à Philippe V une active assistance; il en fut largement récompensé.

De longues années de paix permirent au monastère et au puissant prélat qui le gouvernait, de jouir sans trouble de leurs richesses et de leur influence territoriale. Mais la guerre de 1793, ramena dans l'Ampourdan tous les périls de l'invasion. Le monastère fut pillé et sa vaste enceinte servit de forteresse. Le traité de Bâle éloigna l'armée française, mais les moines mirent plus de lenteur à rentrer dans le monastère. Trop de richesses les avaient amollis et rapprochés de la société. La solitude de S. Pierre de Rodas leur était devenue insupportable. Ce vaste et magnifique édifice, dont les fondemens cachaient les derniers vestiges du temple de Vénus; l'antique bosquet d'ormeaux avec son délicieux ombrage et sa source sacrée; le sommet pittoresque de S. Salvador, avec la crête ondulée de Sainte Hélène, la mer avec son immmensité, fouillant et festonnant sans cesse une côte étendue; le joli vallon de Lavall et les riches vignobles, situés au pied du monastère; ce coup-d'œil enchanteur, qui de l'esplanade et des jardins suspendus de l'abbé, s'étend au loin sur la côte gauloise et captiva si vivement les navigateurs rhodiens; enfin tout ce qui anime la solitude et dispose aux mystérieuses inspirations, était désormais sans charme et sans attrait. Les moines cherchèrent à tout prix à déserter Saint-Pierre et à se rapprocher de Figuères. L'abbé Heldesinde, avec son régime claustral, ses mœurs austères et son éloquence évangélique, n'était plus représenté dans le monastère. Son nom et sa légende étaient oubliés dans la poussière des archives. Il y avait déjà bien long-temps que ses successeurs avaient trouvé trop pénible de desservir la paroisse de la Selva, si voisine pourtant du monastère. Ils en avaient délégué la charge à un prêtre mesquinement doté, par l'abandon du tiers des prémisses de la paroisse, c'est-à-dire du 33e des fruits récoltés. Voilà comment le curé de la Selva, a aujourd'hui pour revenu environ 500 hectolitres d'excellent vin et de plus une assez belle part, en huile, en grains et en fruits.

Des agens se rendirent à Madrid pour objecter à la cour, qu'en cas de guerre, les grandes et belles constructions de Saint-Pierre permettaient à un corps ennemi de s'y fortifier et lui offraient un excellent point d'invasion comme de retraite. La cour les crut, car elle avait présents les périls de la dernière guerre, et il s'en trouva qui se récrièrent bien haut sur le scandale d'un temple exposé aux profanations et au pillage. L'autorisation fut accordée. Bientôt le marteau et la mine sapèrent l'antique édifice. Les matériaux furent mis en vente, le bosquet abattu; et les moines, désertant la montagne, se hatèrent de fonder un nouveau monastère au village de Villa-Sacra, dans la plaine d'Ampourdan. Leur intention n'était pas de s'y fixer. Ils avaient parlé jusqu'ici au nom de l'État et de la religion ; cette fois ils osèrent parler pour eux-mêmes. La cour se montra encore tolérante, et l'abbé de S. Pierre de Rodas obtint de rebâtir le monastère à Figuères. Les fondations de Villa-Sacra, qui couvrent inutilement un vaste espace, furent à leur tour abandonnées. Dans un grand enclos, six à sept maisons vastes, ornées de terrasses et de parterres, et complètement isolées, sont habitées par autant de moines qui dépensent à leur gré le revenu d'une grande communauté. Sont-ils satisfaits de leur sort? Il est permis d'en douter, car ils demandent, dit-on, à déserter Figuères, et à venir s'établir à Barcelonne; tant la solitude leur est à charge. Encore ce pas de fait, et il restera, je pense, peu d'efforts à tenter de la part du gouvernement espagnol pour séculariser une communauté qui d'elle-même provoque les réformes, et renonce à la puissance de ses antiques souvenirs. A Barcelonne, rien ne protégera les moines de Rodas qu'un nom désormais sans magie, contre le scepticisme du siècle et les besoins impérieux de la couronne. La religion est autrement puissante sur les rochers qui la virent naître, et près de la grotte qui lui servit d'asile.

Plus de 30 ans se sont écoulés depuis que l'abbé

de Rodas a déserté sa splendide solitude, et cependant l'église avec sa belle nef et son portique; le cloître, les cours intérieures et extérieures; les terrasses élevées à grands frais pour embellir le palais abbatial et dominer majestueusement sur le golfe de Lyon, tout ce que la main de l'homme n'a pas abattu *par ordre*, est encore debout. Des ruines solides attestent la prévoyance des fondateurs et la libéralité des fidèles du moyen âge. Le voyageur ne s'aventure pas sans émotion sous les voûtes entr'ouvertes, dans les vastes souterrains qui le conduisent dans les caveaux de l'église, et le ramènent, par des conduits secrets, dans le cloître, dans les cours et sur les terrasses. Ses pieds foulent involontairement les débris de tombes violées, et s'enfoncent dans une couche de poussière, qui peut-être s'éleva aux jours de destruction des sépulcres de Tassius, d'Heldesinde, de Pétrone et de Dolmau. Partout des bas-reliefs et des chapiteaux mutilés, de larges dalles qui furent couvertes de pompeuses inscriptions; des blocs de marbre, dont l'éclatante blancheur atteste l'antique destination. Un immense portail, surchargé de ciselure, et protégé par la voûte d'un vaste péristile, décore encore l'entrée de l'église. Pour admirer et dessiner cette dernière production du ciseau gothique, prenez garde de vous placer sur le bloc de marbre qui gît ignominieusement à vos pieds, et qu'une main destructive a oublié d'enlever. Ce fut le *Christ* de Rodas. Huit siècles d'adoration se sont écoulés avant que cette image vénérée fût livrée à la profanation par ses riches gardiens. Respectons la religion, même dans ses ruines.

Au milieu des sentimens pénibles et des impressions variées qui assaillissent le voyageur lorsqu'il explore les ruines de S. Pierre, il remarque, non sans étonnement, la religieuse discrétion de l'habitant de la Selva, toujours prêt à exalter l'opulence du monastère; la richesse de ses grandes salles ornées d'arabesques; de ses galeries extérieures, dont les vitrages ont disparu; et toujours muet lorsque des demandes indiscrètes provoquent des révélations sur les causes de ces grandes ruines dont il gémit en secret. La gravité de son regard vous avertit assez que la religion, profanée dans son antique sanctuaire, a trouvé un dernier asile dans le cœur de votre guide. C'est dans d'autres lieux, c'est bien loin de la grotte de S. Paul, qu'on vous révélera comment quelques moines, que les richesses amollirent, que l'esprit du siècle fit sortir du réfectoire, sépara et isola, démolirent le monastère de S. Pierre de Rodas, trahissant ainsi volontairement et sans respect pour les fidèles, l'intention de plusieurs milliers de fondateurs.

§ VIII. *Paroisse de Llansa.*

Un chemin pratiqué au pied des vignobles qui couvrent, du côté de la mer, les nombreuses ramifications de la crête Sainte-Hélène, conduit de la Selva au bourg de Llansa, après deux heures de marche. La mer creuse sans cesse cette portion de côte, et les vagues fouillent et brunissent les roches schisteuses au sommet desquelles les pas du voyageur ou les pieds du mulet ont tracé de larges sillons.

Selon M. de Marca (1), les Phocéens de Marseille fondèrent la colonie de Laucia, pour avoir un dernier refuge contre les coups de vents si périlleux au cap de Creus. Cette colonie partagea l'abondance et les richesses commerciales de la métropole gauloise. Elle était situés aux limites du terroir Sordicene, et, sous les Romains, elle jouissait du droit de cité ou chef-lieu de contrée.

> In Sordiceni cespitis confinis
> Quondam Pyrenæ (ad) latera civitas ditis laris
> Stetisse fertur; hicque Massilliæ incolæ
> Negotiorum sæpe versabant vices (2).

Cinq grandes ravines descendent de la crête de S. Quirk (S. Cyr), séparent Laucia de la côte gauloise. Elles plongent dans la mer par des pentes

(1) Marca hispan. : lib. I, cap. X.
(2) Festus Avienus. Marca : lib. I, col. 46

rapides, et donnent un aspect solitaire et stérile à la côte de Sarbou.

Les Phocéens, en sortant de Port-Vendres (*Portus Veneris*), situé à quatre lieues au nord de Lancia, pouvaient, en côtoyant et malgré la violence des vents du sud, atteindre la nouvelle colonie; mais, lorsque venant du sud, ils avaient doublé le promontoire Aphrodite, si le vent du nord était trop impétueux, pour se dispenser de lutter avec lui, au risque de se perdre sur la côte, les ports de Silva et de Lancia étaient heureusement situés pour abriter leurs bâtimens, et attendre un vent plus favorable. Au besoin, le port de Lancia dispensait de doubler le Cap, puisque les denrées impuritaines avaient la facilité d'arriver jusqu'à lui par le vallon de Balléta, et que la même voie était ouverte aux denrées importées par les bâtimens grecs.

Les mêmes causes qui favorisèrent le commerce de Lancia sous les Phocéens, les Carthaginois, les Romains et les Goths, sauvèrent la colonie des destructions du moyen âge. Érigés en fief par Charlemagne ou son successeur, qui plus que lui fit des conquêtes dans la Marche d'Espagne, la vallée et le port de Llansa (selon l'idiome catalan), furent donnés au monastère de Rodas? La donation du comte Gausfred de Roussillon, en fait déjà mention.

Le pape Jean XV confirma, en faveur du monastère, la possession de l'église paroissiale de

Lancia (1), avec les dîmes et autres droits. Depuis cette époque, la colonie, partageant la destinée du monastère, prospéra avec lui, ou subit avec lui les chances de la guerre. Mais du moins, après chaque époque calamiteuse, et malheureusement elles furent fréquentes en Catalogne, l'agriculture et le commerce réparaient les pertes et créaient de nouvelles ressources.

La vallée de Llansa est remarquable par la forme pittoresque des montagnes qui la dominent, et par la richesse de ses vignobles. Ils couvrent toutes les pentes et tous les revers, ne s'arrêtant que dans le lit du torrent ou au pied des roches aiguës, qui dessinent tous les points culminans. Le pampre avec ses mille nuances et ses taches pourprées, contraste avec les teintes pâles de l'olivier, très abondant dans ces vignobles. Soutenu par des murailles qui terrassent toutes les pentes, le cep rampe dans les ravines les plus abruptes, s'élève bien au-dessus de la limite de l'olivier, et encadre le sommet des falaises que la mer ruine sans cesse et couvre de son écume. Partout la main du cultivateur catalan a laissé des traces de sa persévérante industrie, et ses efforts sont récompensés par la récolte d'un vin généreux, richement coloré, et que l'Angleterre consomme, après toutefois lui avoir imposé une dénomination portugaise. La récolte d'huile, quoique plus incertaine, est fréquemment

(1) Marca: tit. 140, col 911.

assez importante. Elle occupe un grand nombre de bras dans une saison où les autres travaux sont terminés ou suspendus.

Cette richesse agricole ne s'étend pas au-delà de la vallée de Llansa. Au nord de la plage, des crêtes lacérées et profondément découpées se prolongent jusqu'au cap Cervera, limites de l'Espagne. Au-delà du cap, est le fort français de Banyuls; en deçà, est le petit village de Culléra et le hameau de Parbou, habité par quelques pêcheurs.

Le port de Llansa est protégé contre les vents d'est et de sud, par une pointe qui termine, en s'épanouissant, la crête de Sainte-Hélène. Mais les vents du nord en rendent l'ancrage peu sûr, et ses eaux ne sont pas assez profondes pour permettre aux gros bâtimens de se rapprocher de la côte. n'est fréquenté que par les tartanes, les felouques et autres bâtimens de transport. Les roches alumineuses, qui forment les derniers contreforts du cap ou pointe de Llansa, vont être exploitées, et promettent une riche fabrique d'alun qui manque à l'Espagne.

§ IX. *Vallon de Balléta et château de Karmanso.*

A peu de distance à l'ouest de Llansa, la vallée se resserre. Une ramification de la crête de Sainte-Hélène se rapproche, en s'épanouissant, des coteaux moins abruptes, qui descendent de la crête de

S. Quirk et de Garriguella. Un vallon resserré, sinueux et arrosé par un torrent, trop souvent à sec, conduit, après deux heures de marche, au sommet d'une rampe qui donne issue sur le bassin d'Ampourdan. Le joli village de Balléta, avec ses maisons badigeonnées, est situé dans ce vallon et au centre d'un vaste et riche vignoble.

Nulle part la montagne de Roses ne développe des pentes plus rapides, des crêtes plus abruptes, des ravines plus profondes, que dans le vallon de Balléta. La roche granitique qui forme le noyau de cette montagne, se présente ici avec toutes les anomalies qui la caractérisent, dans les derniers contreforts des Pyrénées. Tantôt compacte, coloré de rose par le feldspath, ou talqueux par la modification du mica, le granit offre sur la route des surfaces brunies par l'oxidation, ou polies par les pieds des mulets; tantôt blanchâtre, feuilletée et surchargée de lamelles de mica argentin, ou bien désaggrégée et formant des couches sableuses, cette roche passe fréquemment et par des modifications brusques ou insensibles au schiste micacé, qui la recouvre sur nombre de points. Ce passage d'une roche à l'autre provient d'une cause accidentelle quelconque, qui troubla la cristallisation après la formation de la couche granitique. Le schiste micacé, à feuillets vernissés, à reflets argentins, passe à son tour au schiste argileux par des nuances souvent insensibles. Mais partout où cette dernière roche abonde, elle hérisse les points culminans, et ses larges dalles, ses strates ferrugineuses contrastent avec les blocs arrondis du granite et les teintes plus colorées de la vigne et de l'olivier.

Sur ces pentes rapides autour des masses granitiques, la main de l'homme est parvenue à fixer, à force de patience, une végétation plus ou moins active. La vigne rampe dans toutes les directions, s'élève jusqu'aux lieux les plus dégradés par les orages, et laisse derrière elle l'olivier et le figuier. Le climat ou le roc nu sont les seules limites de cette industrieuse et admirable culture. Sur les coteaux plus terreux et surtout plus accessibles de l'autre revers du vallon, la vigne, mieux exposée aux influences solaires, y donne des récoltes plus abondantes.

Le village de Balléta, borné cependant aux seuls produits de la vigne et de l'olivier, présente un aspect qui révèle son aisance. Le secret de sa prospérité agricole est dans l'activité de ses habitans, et dans sa petite route commerciale, par laquelle ses vins et ses huiles s'écoulent facilement.

A l'entrée du vallon de Balléta, du côté de l'Ampourdan, et sur un petit mamelon, sont les ruines de l'antique château de Karmanso. Dans le moyen âge, le possesseur de cette châtellenie était un des principaux seigneurs catalans. Ses rivalités avec les seigneurs de Cabréra, de Requesens, de Rocaberti et de Capmañy, troublèrent la tranquillité de l'Ampourdan et les annalistes n'ont pas dédaigné d'en recueillir les souvenirs. Don Jayme (Jacques), roi de Mayorque et allié de Philippe-le-Hardi, s'empara du château de Karmanso, avant d'envahir la Haute-Catalogne, et de pénétrer dans les États d'Alphonse d'Aragon, son ennemi et son neveu. Plus tard, la réunion de plusieurs couronnes en une seule, permit aux nouveaux rois de Castille de subjuguer et d'abattre successivement toutes les petites puissances que la féodalité avait disséminées en Catalogne. Karmanso, plusieurs fois démantelé ou détruit, chaque fois réparé, succomba sans gloire dans les guerres civiles qui désolèrent cette contrée sous le règne de Jean II. Ses ruines, qui couvrent le mamelon, servent tout au plus aujourd'hui à légitimer un vain titre, qui va se confondre avec mille autres dans les parchemins d'un noble Castillan.

De l'esplanade de Karmanso, la vue s'étend sur la plaine d'Ampourdan. Le village de Vilajuiga, ou *Villa* des Juifs, apparait à gauche au pied de la crête de S. Romain, avec ses murs grisâtres, ses abords dégarnis d'arbres et son vignoble. Le village de Pau est au pied du revers opposé de cette crête, et dans la même ligne. Au-delà d'une seconde crête mieux cultivée, est le bourg de *Palau-Çavardera.* A droite, sont de riches coteaux qui masquent la petite ville de Garriguella. Dans ces nouveaux terroirs, la culture de la vigne y est aussi active et peut-être encore plus productive que dans ceux de Llansa, la Selva et Cadaqués.

§ X. *Conclusion.*

Considérée sous le rapport agricole, la montagne de Roses mérite l'attention des agronomes, par l'industrie patiente et éclairée de ses habitans. La vigne est incontestablement la culture dominante. Elle couvre de vastes terroirs, et ne s'arrête, du côté de l'est, qu'à la ravine de S. Baldiri, et la Cala de Calatorta. On peut évaluer la quantité de vin récoltée à Balléta, Llansa, la Selva, Cadaqués et Roses, non compris les villages et bourgs de Patau, Pau et Vilajuiga, qui semblent plutôt appartenir au bassin d'Ampourdan, à environ 90,000 hectolitres. Ce vin, provenant généralement d'un cépage connu sous le nom de *Grenache*, est fortement coloré, liquoreux et très estimé.

L'olivier se mêle à la vigne dans toutes les expositions favorables à sa culture. Moins robuste qu'elle, il s'éloigne des bords de la mer, et son feuillage cendré orne rarement les roches ferrugineuses qui couronnent les hauteurs. La récolte des olives commence en décembre ou janvier, se prolonge fort tard, et l'on a négligé jusqu'à ce jour, de séparer les diverses variétés. Leur fabrication s'opère par des moyens incomplets, dans une saison peu favorable, et avec une perte notable dans la qualité et dans la main-d'œuvre. Tout est sacrifié à la quantité. On évalue la récolte d'huile, dans les terroirs précités, à environ 5,000 hectolitres. Les autres produits du sol sont insuffisans aux besoins de la population. L'oranger et le citronier embellissent quelques jardins de la Selva, Roses et Cadaqués, mais ne constituent point une branche de revenu. On confit une grande quantité d'olives, qui sont livrées au commerce, avec des figues et des raisins secs.

Quelquefois les vins faibles en couleur et destinés à l'embarcation sont, dit-on, colorés par la couperose (vitriol vert) et le bois de Campêche, dissous dans de l'eau-de-vie. On les fortifie au moment de la récolte par du mout ou vin concentré, et par du plâtre tamisé, qu'on jette sur la vendange pendant le foulage. C'est une pratique assez générale de laver les tonneaux de transport dans l'eau de mer pour les purifier.

Considérée sous le rapport commercial, la montagne de Roses a perdu une partie de son importance. Autrefois le commerce des Amériques et le cabotage étaient la ressource d'une population habituée aux périls de la navigation; aujourd'hui les bâtimens pourrissent dans les ports, et ne sont plus remplacés : le très petit nombre de ceux qui peuvent tenir la mer, servent au transport des vins, et de quelques produits territoriaux ou étrangers. Les ports de Libourne, Gênes, Marseille et Cadix, sont à peu près les seuls que fréquentent les bâtimens de Cadaqués. On dit que la contrebande est la ressource la plus productive des marins du Cap ; mais de quelque manière qu'elle s'opère, tantôt favorable, tantôt contraire aux intérêts de la France, ses opérations sont toujours très circonscrites.

La fabrication des eaux-de-vie et celle des tonneaux ; le salage des sardines, du thon et du saumon ; l'expédition de ces divers produits, occupent un petit nombre de maisons de commerce.

Considéré dans la constitution géognostique, le cap et ses dépendances méritent l'attention des savans. Les nombreuses anomalies du granite, qui passe en outre sur nombre de points au schiste micacé, et celui-ci au schiste argileux, font reculer ces roches dans les formations intermédiaires, et dès lors on est amené à penser que les roches pyrénéennes, malgré la fréquence des gneiss, des porphyres, des diabases et des eurites, ne peuvent plus être classées dans les terrains primitifs. La superposition du granite au schiste très micacé et noirâtre, de la côte de Tudela, ne peut se concevoir qu'en admettant une abondante coulée d'élémens granitiques, au moment où les schistes furent soulevés. Ce dépôt, provenant d'une roche *inférieure*, qu'une cause puissante et accidentelle amenait *sur* le schiste, semble aujourd'hui, que l'action érosive des élémens en a attaqué la masse et isolé certaines parties, une formation postérieure au schiste micacé ; très probablement celui-ci est *superposé* au granite, bien qu'il lui semble *inférieur*. Le cap de Creus, bien plutôt que le cap Cervera, ne serait-il point la véritable extrémité orientale de l'axe des Pyrénées? Cette question géologique ne saurait être résolue ici; mais en l'indiquant je voudrais qu'elle éveillât l'attention des savans voyageurs.

Considérée enfin, historiquement et sous le rapport archéologique, la montagne de Roses est un des points les plus intéressans de la côte ibérienne. Visitée successivement par les Celtes, les Rhodiens, les Carthaginois, les Romains, les Goths, les hordes arabiques et la race franque, sa destinée fut toujours de subir les infortunes inséparables de l'invasion, et d'une domination plus ou moins prolongée. Chaque peuple a laissé dans cette contrée des traces de son passage: les uns dans la langue et dans les dénominations locales, les autres dans l'activité industrielle, dans les travaux agricoles et dans les mœurs. Des ruines modernes entassées sur des ruines antiques, rappellent sans cesse le souvenir d'autres peuples, qui ont disparu pour toujours de la scène politique. Le culte d'un saint a succédé a celui de Pan, mais le paganisme survit encore, et le mont Pani a refusé un patron chrétien. Priape lui-même se cache sous une dénomination, dont on cherche en vain la racine; mais le peuple, en nommant le rocher *Conique* de las Médas (1), et l'un des pics secondaires de la

(1) Les habitans l'appellent *Karall*-Bernad, pour Ber-

montagne, sourit involontairement sans se douter qu'il perpétue les traces d'un culte que ses ancêtres ont proscrit. L'ancien culte ibérien profondément enraciné dans les mœurs, a légué aussi mille pratiques superstitieuses, que le christianisme a combattues long-temps, mais qu'il a fini par tolérer. Le peuple concilie, comme il peut, les préceptes de l'église, avec ces pratiques qui sont encore pour lui une religion. Dans la grotte où le prêtre chrétien a oublié de placer un saint, le villageois y place une fée, une sorcière ou l'esprit malin. Sa foi dans la magie est robuste, car elle a commencé au berceau, et ne finit pour lui que dans la tombe.

La civilisation dans sa marche rapide et progressive vers l'occident, a déplacé les richesses industrielles, et les foyers des études scientifiques. Tous les rivages européens ont été explorés, mesurés et dessinés. La montagne de Roses, trop voisine sans doute de nous, a été oubliée. Elle conserve ses périls pour le navigateur, alors qu'elle est déja privée de son importance commerciale et militaire, et de sa marine. Repoussés par une législation peu en harmonie avec les progrès de la civilisation, les marins étrangers doublent le cap, souvent par un temps

nard. C'est peut-être Bernard, comte de Besalu, qui fut excommunié et périt dans le Rhône. — Montis qui vocatur *Caralio*, dit la charte de Lothaire, an 982. — *Castralio*, dit le pape Jean XV, dans sa bulle de l'an 990. Appendix Marca : tit. 130, 140.

peu propice, ou bien errent sur des côtes mal explorées, plus mal dessinées, et fertiles en naufrages. C'est pour diminuer ces périls, que ce mémoire et la carte du cap ont été publiés.

TABLE

DES CHAPITRES.

FIN DE LA TABLE.

A. PIHAN DE LA FOREST, IMPRIMEUR,
rue des Noyers, n° 37.

www.ingramcontent.com/pod-product-compliance
Lightning Source LLC
LaVergne TN
LVHW020334230826
846091LV00003B/869

* 9 7 8 2 0 1 3 5 9 5 6 0 5 *